どんどん話せる中国語

作文トレーニング

中西千香

三修社

はじめに

　中国語を勉強して結構たつけど、なかなか自分の思いをうまく伝えられない、そんなことはありませんか。中国語を話そうとしても、どうしても文にならず、単語だけで会話を済ませている人、短い文は言えるけど、長い文になるとうまく伝わらない人、もっといろんなことを中国語で表現したい人、そんなみなさんの気持ちを少しでも解きほぐしたいと思い、この本を作りました。中国語の文を組み立てて書けるようになれば、自然と言えるようにもなっていると思います。

　本書は4つのChapterからなります。Chapter1では、中国語の文法について、簡潔にまとめました。日本人が間違えやすい語順を意識して、コアとなる動詞や形容詞の前後にくるものはどんなものかを重点に説明しています。Chapter2は、表現したいことを中国語にするとどうなるかを構文とともに紹介しています。日本語から中国語にしていく過程で、語彙や言い回しの違いやずれがあることを感じてください。Chapter3は、テーマ別の語彙集です。また、さまざまな場面で使う例文をあげているので、語彙を置き換え応用してみてください。Chapter4は、身近なテーマを取り上げ、短文から始め、ある程度まとまりのある文章を書けるようになるために3つのStepで練習します。Stepが進むごとに少しずつ言葉が足されていきます。中国語ではどこに足せばよいか注意しながら、作文してみてください。まずは「借文」から始めて、次に自分の身の回りのことをいろいろ「作文」してみれば、自信もついてくるでしょう。

　なお、執筆にあたり、関西学院大学の李昱さんに全体の校閲をお願いしました。また、ネイティブの友人たちにも多くの意見をもらいました。この場を借りて、感謝の意を表します。

　どんどん書いて、どんどん言えるようになって、あなたの思いがたくさんの中国語圏の人に伝わりますように。

中西千香

本書の使い方

本書は、4つの Chapter からなっています。

Chapter 1　ミニ文法

中国語で文を作るときに重要なポイントに絞って解説します。必要に応じて参照してください。

Chapter 2　文を作るための道具箱（構文編）

日常よく使う中国語の 40 の構文をご紹介します。Chapter 4 の Step 1 で必要な構文が多くあります。

Chapter 3　テーマ別単語・フレーズ集（語彙・表現）

30 の場面別によく使う単語・表現をご紹介します。Chapter 4 の Step 2 で使える単語が多くあります。

Chapter 4　文章を作ってみよう（ドリル編）

まず短い文を作り、文をふくらませて、複数の短い文を組み立てて 1 つの文章にする練習です。

文の作り方を身につけられるので、文例集・表現集に出ていない文章も自分で工夫して書けるようになります。

こんな使い方ができます

※ **文法をひと通り終えた人は…**

> Chapter 2 　 Chapter 4 　 Chapter 1・3

Chapter 2 … 使えそうな構文を見つける
▼
Chapter 4 … 実際に文を組み立てる！
▼
Chapter 1 … 不安なところは文法項目を復習
Chapter 3 … 興味のある分野の語彙・表現を増やす

※ **しっかり学びたい人は…**

> Chapter 1 　 Chapter 2 　 Chapter 3 　 Chapter 4

Chapter 1 … 書くのに必要な文法項目を復習
▼
Chapter 2 … 使える構文を見つける
▼
Chapter 3 … 分野ごとの語彙・表現を増やす
▼
Chapter 4 … 実際に文を組み立てる！

※ **自分に足りないポイントを確認したい人は…**

> Chapter 4 　 Chapter 1・2・3

Chapter 4 … まずは文を組み立ててみる
▼
Chapter 1 … 文法　　　　⎫
Chapter 2 … 構文　　　　⎬ できなかったところを復習
Chapter 3 … 語彙・表現　⎭

この本の構成

Chapter 1

中国語で文を作る際に便利な文法項目4つのポイントについて解説しています。「補語はどう作るんだっけ？」「時間はどこにおくんだっけ？」というときに、ぱっと調べることができます。

習ったけど忘れがちな活用、用法、語順などをコンパクトにまとめました。

Chapter 2　構文を見つける！

日常のことを書いたり言ったりするときに使える構文を40とりあげます。言いたいことが中国語で出てこないとき、「なーんだ、そう言うのか」ということが多いもの。自分が言いたいことはどの構文を使えば表せるのか見つけましょう。

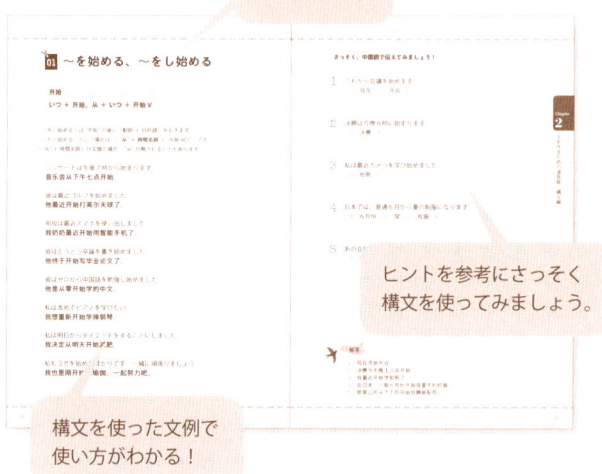

便利な構文を40セレクト。

構文を使った文例で使い方がわかる！

ヒントを参考にさっそく構文を使ってみましょう。

Chapter 3 語彙・表現を増やす！

よく使うシーンを30セレクト。

よく使うシーンを30とりあげます。構文だけでなく、テーマごとによく使う単語、表現を増やすことで、表現に磨きをかけましょう。

単語だけでなく、文の中でどう使うのかがわかります。

Chapter 4 文章を組み立てる！

Chapter 2 の構文と Chapter 3 の単語・表現を使って、文章を作ってみましょう。まずは短い文から始めて、ヒントを参考に文をふくらませていきます。3つのステップを踏むことで、最後には1つのまとまった文章を作ることができます。ふだんから、伝えたいことを短い文から作り始めることで、今まで言えなかったこともどんどん言えるようになるはずです！

☞ 次のページで、Chapter 4 のドリルの使い方を解説します。

STEP 1

まずは簡単な文を作ってみましょう。**Chapter 2** の構文を使っています。**Step 1** でつまずいたら **Chapter 2** へ戻りましょう。

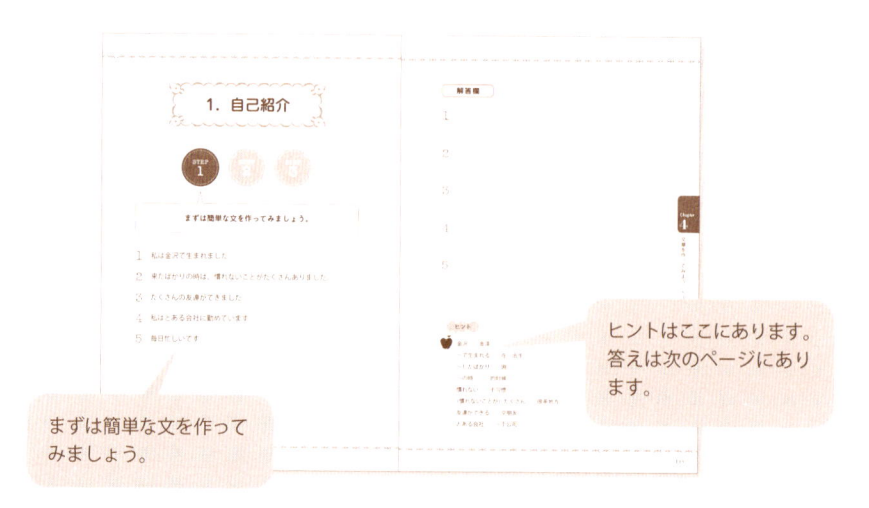

まずは簡単な文を作ってみましょう。

STEP 2

Step 1 の解答例を確認、次は短文をふくらませてみましょう。

これに肉付けしていきます。

ヒントはここにあります。答えは次のページにあります。

STEP 3 Step 2 の解答例を確認。最後に、Step 2 で作った文をつなげて1つの文章にしてみましょう。

短い文をつなげて
1つの文章にします。

解答例は巻末に
あります。

本書の約束事

・**Chapter1** 文法事項についてはポイントをかいつまんで紹介しています。より細かな文法事項については、各種文法書を参照することをお勧めします。
・**Chapter2** 説明で、動詞を V、目的語を O、結果補語を R と表記している個所があります。
・**Chapter4** ヒントで挙げた語彙は、作文を助けるために、その問題で使っている意味に限定し、説明しています。

CONTENTS

本書の使い方 ... 4

Chapter 1 ミニ文法

- 01 文の成分 ... 16
- 02 状況語 ... 17
- 03 補語 ... 19
- 04 文型 ... 23

Chapter 2 文を作るための道具箱（構文編）

- 01 〜を始める、〜をし始める ... 28
- 02 〜が終わる、〜を終える、やめる ... 30
- 03 〜へ行く、〜しに行く／〜に来る、〜しに来る ... 32
- 04 〜したことがある／ない ... 34
- 05 〜が好き、気に入っている、〜が得意だ、〜にはまっている ... 36
- 06 〜したい、〜が欲しい ... 38
- 07 〜は嫌だ、〜したくない、〜は困るなあ ... 40
- 08 〜するつもりです ... 42
- 09 〜の時、〜する時・前、した後 ... 44
- 10 〜を知っている／知らない、分からない、〜か分からない ... 46
- 11 〜するのが楽しみだ、〜するのを希望している ... 48
- 12 しばらく〜、長い間〜していない、〜年ぶりに…する ... 50
- 13 〜しなくてはいけない、〜が必要だ ... 52
- 14 〜なはずだ、〜だろう、〜かもしれない ... 54
- 15 〜を覚える、〜を覚えている、思い出す、忘れない ... 56
- 16 〜を忘れる、覚えていない ... 58
- 17 〜がうれしい、満足している、楽しい、うらやましい ... 60

18	だれだれと〜する・した	62
19	どれだけ／たくさん〜した	64
20	まだ〜していない	66
21	〜して…と思う・思った	68
22	〜してもらう、〜される	70
23	〜だったらいいなと思う、〜すればそれでいい	72
24	思ったとおり〜、思ったより〜	74
25	〜だそうだ、〜と書いてある	76
26	〜しないなら…する／しない	78
27	〜を後悔している	80
28	〜する…がない	82
29	〜に感動した、感激した、驚いた	84
30	〜のために（目的）…	86
31	〜のために／せいで（原因）…することができない	88
32	確かに〜だけど…、〜だけど確かに…だ	90
33	もう少しで〜するところだった	92
34	どんなに〜でも…する	94
35	〜には失望した、〜は残念だ、〜にはしらけた	96
36	〜が怖い、心配だ、怖くない、心配していない	98
37	〜が懐かしい、〜を思い起こす	100
38	〜した方がよい／しない方がよい、〜する価値がある／ない	102
39	〜について言えば、〜の角度から言えば	104
40	どうして〜なのですか？	106

コラム① "了" その① …… 108

Chapter 3 テーマ別単語・フレーズ集（語彙・表現編）

- **01** 家族・親戚 ……………………………………… 110
- **02** 中国語学習 ……………………………………… 111
- **03** 学校 ……………………………………………… 112
- **04** 交通 ……………………………………………… 113
- **05** 仕事・職場 ……………………………………… 114
- **06** 家事 ……………………………………………… 115
- **07** 家で ……………………………………………… 116
- **08** 天候 ……………………………………………… 117
- **09** 美容・健康 ……………………………………… 118
- **10** 体調・医療 ……………………………………… 119
- **11** 料理 ……………………………………………… 120
- **12** 食事 ……………………………………………… 121
- **13** ショッピング …………………………………… 122
- **14** 商品の形容 ……………………………………… 123
- **15** ファッション …………………………………… 124
- **16** 映画・芝居・コンサート ……………………… 125
- **17** 美術館・博物館・図書館 ……………………… 126
- **18** 外出・旅行 ……………………………………… 127
- **19** 遊び・デート …………………………………… 128
- **20** スポーツ・スポーツ観戦 ……………………… 129
- **21** 習い事・趣味 …………………………………… 130
- **22** ペット …………………………………………… 131
- **23** 携帯電話・PC・インターネット …………… 132
- **24** 銀行・郵便局 …………………………………… 133
- **25** ニュース・事件 ………………………………… 134
- **26** 友達・恋愛・結婚 ……………………………… 135

27	人生のイベント	136
28	年中行事（1月～6月）	137
29	年中行事（7月～12月）	138
30	日本について	139

コラム② "了"その② ……………………… 140

Chapter 4 文章を作ってみよう（ドリル編）

01	自己紹介	142
02	家族	148
03	大学生活	154
04	中国語学習	160
05	旅行	166
06	会社	172
07	友達	178
08	休み	184
09	日本自慢	190
10	夢	196
	STEP3 解答例	202

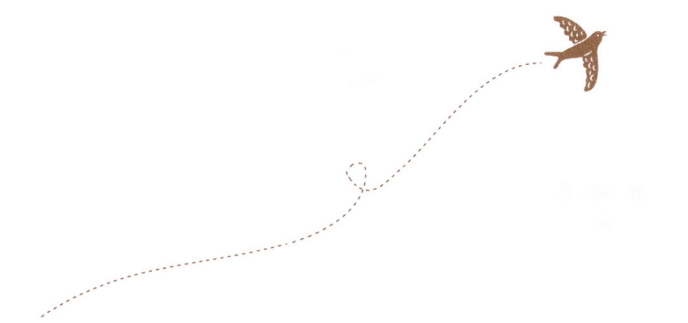

Chapter 1

ミニ文法

01 文の成分

　ここでは、中国語の骨組みとなる文成分について、話します。まず、中国語の文は大きく二つの部分に分かれます。

主語（主语）：文のテーマとなる文頭にくる部分です。
述語（谓语）：日本語でいう述部、主語以外の部分です。

　また、**谓语**の中に入る文成分は次の五つです。

動語（述语）：**述語**となる品詞は、**動詞か形容詞**。**谓语**の根幹をなす部分です。
目的語（宾语）：目的語。**述語**である動詞の後の名詞部分。動詞との関係は日本語より複雑です。
限定語（定语）：限定語。名詞を修飾する成分。**我的书**（私の本）、**他做的饭**（彼が作った食事）の**我的**（私の）や**他做的**（彼が作った）の部分です。
状況語（状语）：状況語。主語の後、動詞や形容詞（動語）の前にある、副詞（**不、不太、很、就**…）、時間を表すフレーズや前置詞フレーズ（**介词词组**）の部分です。**我晚上六点半在图书馆等你**。（夜の6時半に図書館で待ってます）ならば、**晚上六点半在图书馆**。が**状语**です。（→「02 状況語」参照）
補語（补语）：補語。動詞の後にある成分。動作の結果、向かう方向、評価などを示します。補語には結果補語（動詞または形容詞）、単純方向補語（動詞＋**来**、動詞＋**去**）、複雑方向補語、可能補語、様態補語、程度補語、前置詞フレーズ補語（**介宾补语**）、数量補語、動量補語があります。（→「03 補語」参照）

　それでは、学習者がよくつまずく、**状语**（状況語）と**补语**（補語）を見てみましょう。

中国語の基本的な骨組み

一番大きな枠組み

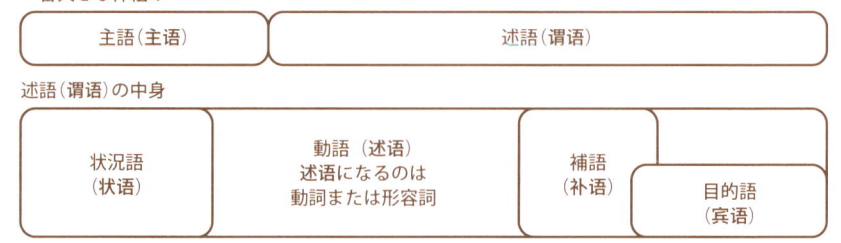

主語（主语）	述語（谓语）

述語（谓语）の中身

状況語（状语）	動語（述语） 述語になるのは 動詞または形容詞	補語（补语）	目的語（宾语）

※限定語は名詞がなることができる文成分（主語や目的語など）に付く可能性があります。
※これらに付随する形で、アスペクト助詞（動詞の後）や語気助詞（文末）が入ります。
※補語と目的語は動詞や形容詞（動語）の後にくる成分です。補語と目的語が共に使われる場合の語順は、文型ごとに確かめてください。
※文を作る際に、文成分が全てなければならないわけではありません。

02 状況語

副詞

副詞は、必ず動詞や形容詞の前にくることを覚えておくといいでしょう。

・否定を表す副詞(**不、没**)
  不は**状態や意志の否定**、**没**は**事実の否定**と覚えておきましょう。

  我不是中国人。(中国人ではありません)
  我不高兴。(うれしくない)
  我没去中国。(中国に行ってません/中国に行きませんでした)

・程度を表す副詞(**很、太、非常、比较**…)

  我很好。(元気です)
  我非常喜欢看电影。(映画鑑賞がとても好きです)

・範囲、追加を表す副詞(**也、都、只、还**…)

  我也去。(私も行きます)
  我只有一千块钱。(1,000円しかないです)

・時間を表す副詞(**已经、经常、常常、刚**…)

  我常常去超市买菜。(いつもスーパーに買い物に行きます)
  我已经吃饭了。(もう食事を済ませました)

などがあります。また、形容詞の状況語的用法があります。

  你快走吧。(早く行きなさい)

前置詞フレーズ

「前置詞フレーズ + 動詞 + 目的語」

中国語の動詞がとれる目的語の種類は限られています。ですので、直接とれない要素は前置詞で引き出します。例えば、「いつ/どこで/誰に/誰と/~に対して」は、前置詞 + 場所/ヒト/モノ…とフレーズを形成し、動詞の前におきます。よく出てくる前置詞から押さえていきましょう。

通常、前置詞フレーズの後は、動詞か、動詞+目的語です。

  在:**你现在在哪儿工作?**(あなたは今どこで仕事をしていますか?)
  给:**我经常给他打电话**。(私はいつも彼に電話しています)
  跟:**我跟他一起去旅游**。(私は彼と一緒に旅行に行きます)

我明天跟他见面。（私は明日彼に会います）
　　　※见面のような離合詞［Ｖ＋Ｏ構造の二音節動詞］は、この後に目的語をおけません。
把：我没把作业做完。（私は宿題をやり終えていません）
对：我对政治不太感兴趣。（私は政治にあまり興味がありません）
从：明天从第五课开始吧。（明日は第5課から始めましょう）

次は、後に続くものが上のグループとは異なり、形容詞や距離がくるものです。

比：他比我大两岁。（彼は私より2歳年上です）
离：邮局离这儿很近。（郵便局はここから近いです）
　　邮局离这儿有 500 米，走 5，6 分钟就到。
　　（郵便局はここから 500 mで、5、6分歩けば着きます）

次のようなセットで使うものもあります。

从…到…：我每天从这儿到车站坐公交车。
（私は毎日ここから駅までバスに乗ります）

※動詞の後にくる前置詞フレーズには制限があります。（→「03 補語」参照）

時間を表す名詞

「いつ」は動詞の前におきます。

現在、刚才、早上、晚上、上午、下午、今天、今年、每天、每年、星期Ｘ、Ｘ点、Ｘ年

など、「いつ」を表すものも動詞の前です。文末にはおかないように。例えば、次のように使います。

我每天晚上六点半在家里吃晚饭。（毎晩6時半に家で晩飯を食べます）
我明年九月份去中国留学。（私は来年9月に中国に留学します）

これは中国語全体の特徴とも言えますが、これがたとえ疑問詞になったとしても出てくる位置は同じです。

你什么时候去北京？（あなたはいつ北京に行きますか？）

03 補語

補語は動詞の後にくる成分です。以下の補語が動作の結果や様子、可能不可能、動作の向かう方向を示します。それぞれの補語の使い方、表すものを押さえてください。

結果補語

　動詞の後に続く動詞または形容詞が動作の結果を表します。動作の事実があったかどうかを示すので、基本的に「動詞 ＋ 結果を示す動詞・形容詞 ＋ 了」または、「没 ＋ 動詞 ＋ 結果を示す動詞・形容詞」の形で出てきます。結果補語の数は多いので、出てきたものから意識的に覚えましょう。

　　…见（感覚的にとらえる）
　　　看见了没有？（見えましたか？）　──看见了。（見えました）
　　…错（〜し間違える）
　　　说错了也没关系。（言い間違えても大丈夫です）
　　…好（話者の満足、ちゃんと〜した、〜し終わる）
　　　吃好了。（充分食べました）
　　…上（付着）
　　　请写上您的名字。（お名前をご記入ください）
　　　我爱上她的男朋友了。（私は彼女の彼氏を愛してしまった）
　　…到（〜まで〜する、目的達成）
　　　我跟他玩儿扑克玩儿到夜里了。（私は彼と夜中までトランプで遊んでいました）
　　　今天的课上到这儿吧。（今日の授業はここまでにしましょう）

次の結果補語は、前置詞フレーズが補語になった形ともいわれています。

　　…给（譲渡、モノの移動、［だれだれ］に〜する）
　　　我把书还给她了。（彼女に本を返しました）
　　　我送给他生日礼物了。（彼に誕生日プレゼントをあげました）
　　…在（［どこどこ］に〜する／〜している）
　　　我坐在哪儿好呢？（私はどこに座ればいいですか？）
　　　他们坐在前边。（彼らは前に座っています）

　ちなみに、「動詞 ＋ 結果を示す動詞・形容詞 ＋ 了」または、「没 ＋ 動詞 ＋ 結果を示す動詞・形容詞」の形で出てくるのが通常ですが、次の条件のもと、「動詞 ＋ 結果を示す動詞・形容詞」だけで出てくることがあります。例えば、次の①の人に何かを命令するような「〜してください」、②の助動詞と一緒に使って願望や可能を示す「〜したい」というような、これからの動作の場合がこれに当たります。

① **请你提前做好准备**。（事前に準備をしてください）
② **我希望学好中文**。（私は中国語をマスターしたい）

方向補語

単純方向補語と複雑方向補語の二つがあります。動作の向かう方向を表します。話し手の立ち位置によって、話し手に向かってくる場合は**来**、話し手から離れていくときは**去**を用います。

1) 単純方向補語

「動詞＋**来／去**」（～て来る／～て行く）
请你把书拿来。（本／教科書を持ってきてください）
请你把钥匙带去。（カギを持っていってください）
你把材料给她送去吧。（資料を彼女に届けてください）

このほか、次の表のような前に方向を表す動詞がくることがあります。

我马上下去，等一下。（すぐに下りていくので待ってください）
快进来吧。（早く入っておいで）

	上 上がる	下 下りる	进 入る	出 出る	回 戻る	过 過ぎる	起 上向きの動作
来 来る	上来	下来	进来	出来	回来	过去	起来
去 行く	上去	下去	进去	出去	回去	过来	×

2) 複雑方向補語

上の表の"上来"以下が補語になる場合、複雑方向補語と呼ばれ、さらに動作を細かく描写します。複雑方向補語には派生義もあるので、覚えなくてはいけません。

動詞＋ **上来**	動詞＋ **下来**	動詞＋ **进来**	動詞＋ **出来**	動詞＋ **回来**	動詞＋ **过去**	動詞＋ **起来**
動詞＋ **上去**	動詞＋ **下去**	動詞＋ **进去**	動詞＋ **出去**	動詞＋ **回去**	動詞＋ **过来**	×

寄回去 郵送する ＋ 戻っていく ＝（郵送で）送り返す
站起来 立っている ＋ 上向きの動作 ＝ 立ち上がる
拿出来 持つ ＋ 出てくる ＝ 取り出す／持って出てくる
开进去 運転する ＋ 入っていく ＝ 車で運転して入っていく
买回来 買う ＋ 戻ってくる ＝ 買って戻ってくる、買い戻す

<u>借出去</u>　借りる＋出ていく＝借し出す

実際の文の中で使われるときは、次のように用いられます。場所は"来"や"去"の前にきます。

你把书放<u>回去</u>好吗？（本を元に戻してくれますか？）
他跑<u>进</u>教室<u>来</u>了。（彼は走って教室に入っていった）

複雑方向補語の派生義のキーワードを示します。実際の例を見たとき、これは派生義なのか、派生義ならどの意味か、意識してみてください。

上去	"看上去"（見る分には） "听上去"（聞く分には）のみ	上来	／
下去	現在から未来への継続、持続	下来	残存、離脱（"下"のみでも可） 過去から現在への継続
进去	／	进来	
出去	／	出来	判別、無から有
回去	／	回来	／
过去	正常→非正常、悪化	过来	非正常→正常、回復、修復
／	／	起来	開始、収束、試行（〜してみると）

你能听<u>出来</u>我是谁吗？（私が誰だか（声で）分かりますか？）
最近这附近的餐馆的客人多<u>起来</u>了。（最近近所のレストランの客が増え出した）

可能補語（結果補語や方向補語の可能表現）

「動詞＋結果補語」や「動詞＋方向補語」の間に**得**や**不**をはさんで、その行為が可能か不可能かを表します。疑問文や反語表現でなければ、通常は否定形で用いられることが多いです。

結果補語	肯定形	否定形
	（動詞＋**得**＋結果補語や方向補語）	（動詞＋**不**＋結果補語や方向補語）
听懂（了）	听得懂	听不懂
聞いて理解した	聞いて理解することができる	できない

刚才的话，你听<u>得懂</u>吗？（さっきの話は聞いて理解できますか？）
这些工作你用一天做<u>得完</u>吗？（これらの仕事を1日でやり終えられますか？）
我看<u>不出来</u>他那么年轻。（彼がそんなに若いとは見分けがつかない）

また、固定されて可能補語の形でしか用いないものがあります。

已经来不及了。（もう間に合いません）
我受不了。（私は我慢できない）
对不起。（ごめんなさい）

様態補語

「（動詞）＋ 目的語 ＋ 動詞 ＋ **得** ＋ どのようか 」

ポイントは**得**の前は必ず**動詞**でなければなりません。目的語を言ってしまったらもう一度動詞を言い直して続けてください。

她说汉语说得非常好。（彼女は中国を話すのがとてもうまい）
她的汉语说得跟中国人一样流利。（彼女の中国語は中国人と同じくらい流暢です）

得の後ろの形容詞を否定することで否定文を作ります。

她说汉语说得不好。（彼女は中国語を話すのがうまくない）

次のパターンで疑問文を作れます。

她说汉语说得好吗？
她说汉语说得好不好？
她说汉语说得怎么样？
（彼女は中国語を話すのがうまいですか？／彼女の中国語はどうですか？）

程度補語

…**极了**、…**死了**、…**得不得了**、…**得很**、…**得要命**、…**得要死**のように形容詞あるいは心理動詞の後に用いて、程度のはなはだしさを表します。

他的歌好听极了。（彼の歌はとびきりいい）
他做的菜好吃得不得了。（彼が作った料理はおいしくてたまらない）

数量補語・動量補語

動詞の後において、回数、分量、動作の時間の長さを表します。ここでは補語として扱いますが、これらを目的語として扱う文法書もあります。いずれにせよ、動作の回数、動作の分量は動詞の後にくる成分です。「 数詞 ＋ 助数詞 ＋ 名詞（目的語）」の語順は覚えておきましょう。

我今天买了三件衣服。（私は今日服を3着買いました）
去北京坐三个小时（的）**飞机**。（北京に行くには3時間飛行機に乗ります）

04 文型

中国語は基本的に SVO 言語（主語＋動詞＋目的語）といいますが、実際にはどんな文型があるでしょうか。文法書でよく取り扱う文型をとりあげます。

動詞述語文

「動詞 ＋（目的語）」の文です。中国語の動詞の大半は、目的語を一つとれるだけです。目的語の位置にくることができる名詞には制限があるものもあります。

我去中国。（中国に行きます）
他在东京。（彼は東京にいます）

二重目的語をとる文

「動詞 ＋ ヒト ＋ モノ」の文です。二重目的語をとれる動詞の数は限られています。例えば、**告诉、给、教、送、问、借、还、回答**などです。

我告诉你我的手机号。（私の携帯番号を教えます）
给我一双筷子。（お箸を一膳下さい）
王老师教我们中文。（王先生が私たちに中国語を教えています）

連動文（連動式とも）

「動詞 ＋ 目的語 ＋ 動詞 ＋ 目的語」時間の流れで並びます。

我今天去(电影院)看电影。（今日は（映画館に）映画を見に行きます）

去の後の場所名詞は省略することもできます。

他明年来日本学习日语。（彼は来年日本に来て、日本語を学びます）

「来／去＋場所＋動詞＋目的語」の形が多くなりますが、時間の流れにそって並べるのがルールですので、乗り物を使ってどこかへ行く場合は次のようになります。

我今天坐公交车去海洋馆。（今日はバスに乗って、水族館に行く）

形容詞述語文

形容詞が述語になる文です。述語となる形容詞には、何らかの副詞が必要です。副詞がなく形容詞だけの場合は、「ほかと比べて」という**比較のニュアンス**が生まれます。

大熊猫很可爱。（パンダはかわいい）
我的小，他的大。（私のは小さいが、彼のは大きい）

このように比較対象がある場合は分かりやすいのですが、片方しかなくても、**比較の意味をもつ**と考えます。

我的小。（私のは（ほかのと比べて）小さい）

　繰り返しますが、比較の意味をもたない、純粋にどうだという場合は、何らかの程度副詞が必要です。それで**很**は**お飾りの很**といわれます。

比較文

　比較文は、そもそも比較を表すので、**很**、**非常**などの程度副詞は、形容詞に付けません。また、「どれだけ」違うかを表す場合の「どれだけ」は形容詞の後にきます。

她比我漂亮。（彼女は私よりきれいです）
我比他高 5 公分。（私は彼より背が 5 cm 高い）

　比較文だけに使える副詞があることも知っておきましょう。

她比我更合适。（彼女は私よりもっとふさわしい）
你比她还要漂亮。（あなたは彼女よりはるかにきれいです）

　比較文の否定の形は「A **没有** B ＋ 形容詞」となります。

他没有我高。（彼は私ほど背が高くありません）

　比較文のもう一つの否定の形に「A **不比** B ＋ 形容詞」という場合があります。それは「A は B ほど（形容詞）というわけではない」で、同じかそれ以下という意味になります。

他不比我高。（彼は私より背が高いというわけではありません）

名詞述語文

　名詞が直接述語になる文です。

他北京人。（彼は北京っ子です）
我今年十八岁。（今年 18 歳です）

　この構文を使えるのは、日にち、曜日、年齢、値段、出身地などの制限があります。否定の場合は、**不是**で表します。

他不是北京人。（彼は北京っ子ではありません）
我今年不是十八岁。（今年 18 歳ではありません）

主述述語文

　主述構造が述語になる文（〜は〜が〜だ）です。

我肚子很疼。（私はお腹が痛い）
今天天气很好。（今日は天気がいい）

　今天が主語で、**天气很好**が述部となり、この述部の中でまた**天气**と**很好**が主語と述部の構造となっています。

「是…的」構文

「主語 + 是 + [いつ、どこ、誰、どうやって〜] + 動詞 + **的** + 目的語」
「主語 + 是 + [いつ、どこ、誰、どうやって〜] + 動詞 + 目的語 + **的**」

　すでに起きたことに対して、特定の点にポイントを置いて、改めて質問したり、説明する際に用います。動詞の前にある、「いつ、どこ、誰、どうやって」に焦点が当たります。いきなりいうよりも、動作が行われたことを前提としています。**是**は省略可。目的語は**的**の後にくることが多いです。

　你是在哪儿学的中文？（どこで中国語を勉強したのですか？）
　—**我是在日本学的中文。**（日本で中国語を勉強したのです）
　你是什么时候来的日本？（いつ日本に来たのですか？）
　—**我是昨天来的日本。**（昨日日本に来たのです）

動作の進行、動作・状態の持続を表す文

「**在** + 動詞 + **着**…**呢**」

　「〜しているところ」を示す、**在…呢**も、**是…的**構文と同じで、質問する場合や、今何をしていると説明必要とするときに使います。「〜しているところ」を表すならば、**在**か**呢**があれば、文は成立します。また、「今ちょうど〜」を示す場合は**正在**…となります。

　你在干什么呢？／你做什么呢？（今何をしているの？）
　我在做菜呢。（食事を作っているところです）

　「動詞+**着**」の動詞になりやすいのは、静かな動作です。

　我喜欢躺着玩儿手机。（私は横になって携帯で遊ぶのが好きです）

把構文

「**把**フレーズ+動詞+α」（動詞一つだけでは成立しません）

　把構文は**把**の後にくる目的語（特定のモノ）に対して、次のことを言うときに用います。
① 何らか（変化を加える、場所の移動）の処理をほどこす。

　我把作业做完了。（宿題をやり終えた）

② 何らか（変化を加える、場所の移動）の指示やお願いをする。

　请你把醋拿给我。（お酢を私に下さい）

③ 何らか（変化を加える、場所の移動）の過失を犯す。

　弟弟把我的手机弄坏了。（弟が私の携帯電話を壊してしまった）
　他把十一点听成十点了。（彼は11時を10時と聞いてしまった）

兼語文（兼語式）とも

「動詞 ＋ 目的語／主語 ＋ 動詞 ＋ 目的語」

　前半の動詞にとっての目的語が、後半の「動詞 ＋（目的語）」にとっての主語になっている文が兼語文です。

　　我请一位老师教拉二胡。（ある先生に二胡を教えてもらっています）
　　家里总催我结婚，而我不想结婚。
　　（家族はいつも私に結婚しろと言うが、私はしたくない）

使役文

「ヒト ＋ 让、叫、要 ＋ ヒト ＋ 動詞 ＋ α」

　「誰かに何かをさせる」ですが、「誰かに何かをするように言う」という場合もあります。使役文は兼語文の一種です。

　　她不让我做。（彼女は私にさせてくれません／彼女は私にダメと言います）
　　总经理叫你去他那儿。（社長があなたに来るように言っています）
　　老师经常要我们练习口语。（先生はいつも私たちに会話の練習をさせます）

受身文

「被、让（ヒト）＋ 動詞 ＋ α」

　「誰かに何かをされてしまった」という大なり小なりの被害を感じ発せられるものです。また、被構文の特徴です。被の後のヒトは省略可能です。

　　我的钱包被偷了。（私の財布は盗まれた）
　　我最喜欢的连衣裙让孩子弄脏了。
　　（一番のお気に入りのワンピースを子どもに汚されてしまった）

存現文（存在現象文）

「場所 ＋ 動詞 ＋ α（出現、存在、消失）＋ モノ」

　その場所に、あるヒトやモノが存在したり、現れたり、消えたりすることを表すのに用いるのが存在現象文＝存現文です。

　　存在：桌子上放着几本杂志。（机には何冊かの雑誌が置いてある）
　　出现：前边来了一辆车。（前から１台の車が来た）
　　消失：昨天我们公司走了一个人。（昨日うちの会社で１人辞めていった）

Chapter 2

文を作るための道具箱
［構文編］

01 〜を始める、〜をし始める

开始
いつ + 开始、从 + いつ + 开始 V

「〜をし始める」は"开始"の後に「動詞 + 目的語」をおきます。
「〜から始める」という場合は、「"从" + 時間名詞 + "开始 VO"」です。
「"从" + 時間名詞」が文頭の場合、"从"が略されることもあります。

- コンサートは午後7時から始まります。
  音乐会从下午七点开始。

- 彼は最近ゴルフを始めました。
  他最近开始打高尔夫球了。

- 祖母は最近スマホを使い出しました。
  我奶奶最近开始用智能手机了。

- 彼はとうとう卒論を書き始めました。
  他终于开始写毕业论文了。

- 彼はゼロから中国語を勉強し始めました。
  他是从零开始学的中文。

- 私は改めてピアノを学びたい。
  我想重新开始学弹钢琴。

- 私は明日からダイエットをすることにしました。
  我决定从明天开始减肥。

- 私もヨガを始めたばかりです。一緒に頑張りましょう。
  我也是刚开始练瑜伽，一起努力吧。

さっそく、中国語で伝えてみましょう！

1. これから会議を始めます。
   （　現在　／　开会　）

2. 決勝は今晩8時に始まります。
   （　决赛　）

3. 私は最近カメラを学び始めました。
   （　拍照　）

4. 日本では、普通6月から夏の制服になります。
   （　6月份　／　穿　／　校服　）

5. あの会社のエントリーは、来月から始まります。
   （　家　／　下个月　／　招聘　／　新职员　）

解答

1. 现在开始开会。
2. 决赛今天晚上八点开始。
3. 我最近开始学拍照了。
4. 在日本，一般6月份开始穿夏天的校服。
5. 那家公司从下个月开始招聘新职员。

02 〜が終わる、〜を終える、やめる

结束
V完、V好、V到这儿吧。
不VO了

「終了する」に当たるのは"结束"です。
"V完"は「〜し終わる」、"V好"は話者の満足を含む「ちゃんと〜する」の結果補語です。
"不…了"は、「〜しないことにした」と訳されるので注意してください。

・夏休みはもうすぐ終わります。
暑假快要结束了。

・もしやめるのであれば、すべては終わりです。
放弃的话，一切就都结束了。

・私たちはこうして終わるのですか？
我们就这样结束了吗？

・私はすでに晩御飯は済ませました。
我已经吃完晚饭了。

・来週までに仕上げないといけない会議の資料は、私はもう準備を済ませています。
下周以前要写完的会议材料，我已经准备好了。

・今日は（仕事や作業などを）ここまでにしておきましょう。
今天就做到这里吧。

・私は最近彼と二度と連絡を取るのをやめることに決めました。
我最近决定不再跟他联系了。

さっそく、中国語で伝えてみましょう！

1. 食事を済ませたら、出掛けましょう。
   （ 吃饭 ／ 就 ／ 走 ）

2. 使い終わったら、私に返してください。
   （ 用 ／ 还给 ）

3. 私の学生生活ももうすぐ終わります。
   （ 快要 ）

4. 私は最近煙草を吸うのをやめました。
   （ 抽烟 ）

5. では今回（の手紙）はここまでにしておきます。
   （ 就 ／ 写 ）

解答

1. 我们吃完饭，就走吧。
2. 你用完了还给我。
3. 我的学生生活快要结束了。
4. 我最近不抽烟了。
5. 那这次就写到这儿。

03 〜へ行く、〜しに行く／〜に来る、〜しに来る

　　去 VO
　　来 VO

時間の流れに沿って、VOVO と並ぶ、連動文です。
"去""来"の後の場所名詞は省略できます。
"去中国旅行"は「中国旅行に行く」と訳せますが、ここでの"旅行"は動詞です。

・私は昨日彼と一緒に映画を見に行きました。
　我昨天跟他一起去看电影了。

・幼いころ、よく公園に遊びに行ったものです。
　小时候，我经常去公园玩儿。

・私は午後、銀行にお金を下ろしに行きます。
　我下午去银行取钱。

・彼は来年日本に来て日本料理の学校に入ります。
　他明年来日本上日本料理培训学校。

・この週末私は大阪に行って、友達の結婚式に出席します。
　这个周末我去大阪参加朋友的婚礼。

・私は去年9月に中国に留学に来て、もうすでに半年がたちました。
　我是去年九月来中国的，已经过去半年了。

・私は月末上海に出張に行くのですが、上海には何か面白いスポットはありますか？
　我月底要去上海出差，上海有什么好玩儿的地方？

・私は冬休みに広州を旅行するのですが、何に気を付けるべきですか？
　我寒假要去广州旅游，应该注意点儿什么？

さっそく、中国語で伝えてみましょう！

1 来月親戚が遊びに来ます。
　（　下个月　／　一个亲戚　／　要　／　玩儿　）

2 私は中国旅行をするのが好きです。

3 毎週末、友達がうちへおしゃべりに来ます。
　（　每个周末　／　都　／　我家　／　聊天　）

4 今からコンビニに水を買いに行くけど、ついでに何か買いましょうか？
　（　要　／　便利店　／　瓶水　／　顺便　／　帮　）

5 上司が毎日私の所に来て、あれこれ言うので嫌です。
　（　我的上司　／　说这说那　／　真讨厌　）

解答

1 下个月一个亲戚要来玩儿。
2 我喜欢去中国旅行。
3 每个周末朋友都来我家聊天。
4 我要去便利店买瓶水，顺便帮你买什么吗？
5 我的上司每天来我这儿说这说那，真讨厌。

04 ～したことがある／ない

V 过（O）

没 V 过（O）

「～したことがある」を表すのは動詞の後ろのアスペクト助詞 "过" です。
「～したことがない」は "没(有)V 过(O)"。"了" とは異なり、否定形でも "过" は残ります。
「これまで～したことがない」は、"从来没(有)V 过(O)" です。

- 私はこの単語を学んだことがあります。
  我学过这个词。

- あなたは中国映画を見たことがありますか？
  你看过中国电影吗？

- 私はこれまで人前で泣いたことがありません。
  我从来没在别人面前哭过。

- 彼は日本でうなぎを食べたことがありません。
  他在日本没有吃过烤鳗鱼。

- 私は彼が歌うのを聞いたことがありません。
  我没听过他唱歌。

- 私は以前他人に対してそのような感情をもったことがありませんでした。
  我以前对别人没有过这种感情。

- この本はもう世代関係なく知られており、読んだことがない人はいません。
  这本书已经是老少皆知了，没有没看过的人。

- これまで株を買ったことがないので、試してみたいです。
  我从来没有买过股票，想试一试。

さっそく、中国語で伝えてみましょう！

1. 私はまだ猫を飼ったことがないので今後チャンスがあれば 1 匹飼いたいです。
   （ 养 ／ 猫 ／ 以后 ／ 有机会的话 ／ 一只 ）

2. 彼女はいつもノーメイクで、これまで化粧しているのを見たことがありません。
   （ 总是 ／ 从来 ／ 化妆 ）

3. 私は化粧をするのが苦手で、これまで数回も化粧したことがありません。
   （ 化妆化得不好 ／ 所以 ／ 几次 ）

4. あなたは誰かを好きになったことがあるの？
   （ 爱 ／ 谁 ）

5. 幼いころ両親は私に手を上げたことはありませんでした。
   （ 小时候 ／ 打我 ）

解答

1. 我还没养过猫，以后有机会的话想养一只。
2. 她总是不化妆，从来没看过她化妆。
3. 我化妆化得不好，所以没化过几次妆。
4. 你爱过谁吗？
5. 小时候父母没打过我。

05 〜が好き、気に入っている、〜が得意だ、〜にはまっている

喜欢 VO

很会 VO、擅长

拿手歌／菜

（对）…上瘾／VOV 上瘾了

"喜欢"は「好き」から「気に入る」の意味があります。
日本語では「〜が好き」と言えますが、中国語は、"喜欢 VO"と動詞を入れます。
「得意である」「〜がうまい」は、"很会 VO"や"V 得很好"や"擅长"で表せます。"擅长"は書面的な表現です。

・私は彼女を好きになってしまった。
　我喜欢上她了。

・私はジャズを聴きながらお酒を飲むのが好きです。
　我喜欢一边听爵士乐，一边喝酒。

・どうやって子どもを野菜好きにすればいいのでしょう？
　怎么才能让孩子喜欢吃蔬菜呢？

・彼が私にくれた誕生日プレゼントを私はとても気に入っています。
　他给我的生日礼物，我很喜欢。

・彼は料理が上手です。
　他很会做饭。／他擅长做饭［烹调］。

・トマトと卵の炒め物は私の得意料理です。
　西红柿炒鸡蛋是我的拿手菜。

・私の母は韓国ドラマにはまっています。
　我妈对看韩剧上瘾了。／我妈看韩剧看上瘾了。

さっそく、中国語で伝えてみましょう！

1. 私は喫茶店でコーヒーを飲みながら読書するのが好きです。
   （ 咖啡馆 ／ 一边 ）

2. 私はよく笑う女の子が好きです。
   （ 爱笑 ）

3. 私は話し下手だが、彼は話し上手です。
   （ 不会说话 ／ 不过 ）

4. 彼はカラオケに行くと、いつも十八番の歌を最初に歌います。
   （ 卡拉OK ／ 总是 ／ 先 ／ 自己的 ）

5. 私は最近ベリーダンスにはまっています。
   （ 肚皮舞 ）

解答

1. 我喜欢在咖啡馆一边喝咖啡一边看书。
2. 我喜欢爱笑的女孩子。
3. 我不会说话，不过他很会说话。
4. 他去卡拉OK总是先唱自己的拿手歌。
5. 我最近对肚皮舞上瘾了。

06 〜したい、〜が欲しい

想 VO、愿意 VO

"愿意"は"想"より強い願望を表せます。
願望を表す場合の否定の形は"不想""不愿意"です。
「〜する必要がない」と言う場合は、"不用 VO"で表せます。

- もう一度中国に行って京劇を見たい。
  我想再去中国看一次京剧。

- 子どもがおもちゃを欲しがったら、すぐに買ってあげますか？
  （要是）孩子想要一个玩具，你会马上就给他买吗？

- ずっとあなたに相談したかったのですが、あなたの所に行く時間がなくて。
  我一直想找你商量，但没有时间去你那儿。

- うちの一番上の子は大学を卒業したら公務員になりたいと言っています。
  我家老大说大学毕业以后，想当公务员。

- 君の行きたい所へ連れて行ってあげますよ。
  你想去哪儿，我就带你去哪儿。

- 私は中国語のレベルを向上させたい。
  我想提高自己的汉语水平。

- 彼はとても彼女と結婚したがっています。
  他很愿意跟女朋友结婚。

- 私は力の限り、あなたを助けたい。
  我愿意竭尽全力帮助你。

さっそく、中国語で伝えてみましょう！

1 たとえ一度でいいから、本当の恋がしたい。
（ 哪怕 ／ 也好 ／ 谈一次刻骨铭心的恋爱 ）

2 私は子どものころ、大きくなったら、宇宙飛行士になりたかった。
（ 长大以后 ／ 当 ／ 宇航员 ）

3 大学にいるうちにたくさんの資格を取りたい。
（ 趁着 ／ 在大学上学 ／ 拿到 ／ 证书 ）

4 今日は仕事が終わったら、家に帰らず、おいしいものを食べに行きたい。
（ 下班以后 ／ 好吃的东西 ）

5 もう一度、君とやり直したい。
（ 跟你 ／ 重新 ／ 开始 ）

解答

1 哪怕一次也好，我想谈一次刻骨铭心的恋爱。
  ※刻骨铭心（忘れられない、心に深く刻まれる）
2 我小时候想长大以后当宇航员。
3 趁着在大学上学，我想拿到很多证书。
4 今天下班以后不想回家，想去吃好吃的东西。
5 我想跟你重新开始。

07 〜は嫌だ、〜したくない、〜は困るなあ

怕／讨厌 + ［味、気候、ヒトなど］
不想 VO
不想让 + ヒト + VO

"怕"は「恐れる」から「心配する」「苦手である、〜に弱い」の意味まであります。
"讨厌"は"不喜欢"に置き換えた場合、トーンが少し弱まります。
"不想让ヒトVO"は兼語式の文型を使った使役文です。

・暑いのは苦手です。
　我怕热。

・私は自分が嫌いになる時があります。
　我有时候讨厌自己。

・もう頑張ったのこれ以上頑張りたくありません。
　我已经努力了，不想再努力了。

・私は出世したくない、なぜなら出世すると仕事も増えるし、責任も増えるから。
　我不想升职，因为一升职工作就会增加，责任也会增加。

・最近体調が良くなくて、食べたくないんです。
　最近身体不好，我不想吃东西。

・私はあなたにもうチャンスをあげたくありません。
　我不想再给你机会了。

・私は彼のことが好きだということを彼に知ってほしくありません。
　我不想让他知道我喜欢他。

さっそく、中国語で伝えてみましょう！

1 私は辛いのが苦手で、ちょっと辛くてもダメです。
（　辣　／　微辣　／　也不行　）

2 私はプライドの高すぎる人が嫌いです。
（　自尊心　／　太强的人　）

3 私は二度とあなたを悲しませたくありません。
（　再也　／　让你　／　难过了　）

4 あなたにたくさんの迷惑をかけたくありません。
（　给您　／　添　／　麻烦　）

5 私は人間関係の悪い環境の下で働きたくありません。
（　人际关系　／　不好的环境　／　工作　）

解答

1 我怕辣，微辣也不行。
2 我讨厌自尊心太强的人。
3 我再也不想让你难过了。
4 我不想给您添很多麻烦。
5 我不想在人际关系不好的环境下工作。

08 〜するつもりです

打算 VO
准备 VO

「いつ〜するつもりだ」と言う場合の「いつ」は"打算"の後におきます。
"打算"は助動詞用法と名詞用法の2種類があります。
"没(有)打算"は、「〜するつもりはなかった」と過去について言い、"不打算"は「〜するつもりはない」という意志を表します。

- 私は来年スペインへ中国人の友人に会いに行きます。
  我打算明年去西班牙见一个中国朋友。

- 今年の夏休みはどんな予定ですか？
  今年暑假，你有什么打算？

- この週末は何をする予定ですか？
  这个周末，你打算做什么？

- 私は彼の誕生日に彼にサプライズをしようと思っています。
  我打算在他生日那天给他一个惊喜。

- 私は彼女をガールフレンドにするつもりはありませんでした。
  我没打算让她做我的女朋友。

- 私はもう彼と連絡を取るつもりはありません。
  我不打算再跟他联系。

- この仕事をしてもう3年になるので、転職するつもりです。
  这个工作已经做了三年了，我准备改行。

- 私は3月末に仕事を辞めるつもりです。
  我准备3月底辞职。

さっそく、中国語で伝えてみましょう！

1 私は午後病院に行って診てもらうつもりです。
（ 医院　／　看病 ）

2 私は中国に行って仕事を探すつもりです。
（ 找工作 ）

3 私は来年定年退職したら、妻と豪華客船旅行に行くつもりです。
（ 退休以后　／　跟妻子　／　游轮旅行 ）

4 今年の夏休みは、自動車学校に行って運転を学び、自動車免許を取るつもりです。
（ 暑假　／　驾驶学校　／　学车　／　考　／　驾照 ）

5 私はそもそも禁煙するつもりはありませんでした。
（ 原来　／　就　／　戒烟 ）

解答
1 我打算下午去医院看病。
2 我准备去中国找工作。
3 我明年退休以后，打算跟妻子去游轮旅行。
4 今年暑假，我打算去驾驶学校学车，考驾照。
5 我原来就没打算戒烟。

09 〜の時、〜する時・前、した後

…的时候、…时
…以前、…前
…以后、…后

"…时" "…(之) 前" "…(之) 后" は書面的な用法です。
"以前" "以后" とも、単独で、「以前」「これから」を表せます。
"酒后" "饭后" は「お酒の後」「食後」を表す名詞としてとらえましょう。

- 日本に来る時は、きっと私に教えてよ。
  你来日本的时候，一定告诉我喔。

- 中国に行く前、私は中国に対して良い印象はありませんでした。
  我去中国以前，对中国没有好印象。

- 今日仕事が終わってから妻と一緒にイタリアンレストランに行って、誕生日を過ごしました。
  今天下班以后跟妻子一起去了一个意大利餐厅，给她过了生日。

- 次日本に来る時は、名古屋城に行ってみるといいですよ。
  你下次来日本的时候，可以去名古屋城看看。

- ここを離れる時は、カギをするのを忘れないでくださいね。
  离开这儿的时候，别忘了锁门。

- これからちゃんと自分のことを大事にしなさいよ。
  以后可要好好照顾自己。

- この薬は1日3回、食後に飲んでください。
  这个药，一天吃三次，饭后吃。

さっそく、中国語で伝えてみましょう！

1. 私が出掛ける時、彼はまだ寝ていました。
 （ 走 ／ 在 ／ 睡 ／ 呢 ）

2. 寝る前に携帯を見ないで、でないと睡眠に影響します。
 （ 睡觉 ／ 手机 ／ 否则 ／ 会 ／ 影响 ）

3. 駅に着いた後、一度電話をください。
 （ 到 ／ 站 ／ 给我 ／ 打个电话 ）

4. 私は毎朝起きたら、一杯の水を飲みます。
 （ 起床 ／ 都 ／ 喝 ）

5. 大きくなってやっと分かった。自分が欲しかったのはほかでもなく普通の生活でした。
 （ 长大 ／ 才 ／ 知道 ／ 原来 ／ 自己想要的 ）

Chapter 2 文を作るための道具箱（構文編）

解答
1. 我走的时候他还在睡呢。
2. 睡觉前不要看手机，否则会影响睡眠。
3. 你到站后给我打个电话。
4. 我每天早上起床后都喝一杯水。
5. 长大后才知道，原来自己想要的就是普通的生活。

10 〜を知っている／知らない、分からない、〜か分からない

知道／不知道、懂／不懂

听不懂、看不懂

听懂／没听懂、看懂／没看懂

"知道"は状態動詞で何も付けずに「知っている」となり、文を目的語にとれます。
「V + R（結果補語）」の否定の形は、"没 VR"です。
"V 得／不 R"は結果補語の可能表現、「〜することができる／できない」を示します。

・あなたが今何を考えているか私は分かりますよ。
 我知道你现在在想什么。

・あなたの言っていることが分かりません。
 我不懂你的意思。

・彼女がどんな誕生日プレゼントを欲しいか分かりません。
 我不知道她想要什么样的生日礼物。

・もうすぐ試験だけど、どう復習したらいいか分かりません。
 快要考试了，我不知道怎么复习。

・上司が反対したので、私もどうすればいいのか分からなくなりました。
 上司不同意，我就不知道该怎么办才好了。

・さっきあなたが言ったことを私は聞き取れなかったので、もう一度言ってください。
 刚才你说的话我没听懂，请再说一遍。

・彼がどこにいるかも知らないし、何をしているかも知りません。
 不知道他在哪儿，也不知道他在做什么。

さっそく、中国語で伝えてみましょう！

1. 私はあなたが何を言いたいのか分かりません。
   （　想　／　说什么　）

2. 私は彼女の彼氏が誰かは知っています。
   （　她的男朋友　）

3. 私は政治のことも分からないし、経済のことも分かりません。
   （　政治　／　経済　）

4. 自分でもどう言えばいいか分かりません。
   （　怎么说　）

5. 私はまだ中国語の新聞を読んで分かりません。
   （　中文报　）

解答

1. 我不知道你想说什么。
2. 我知道她的男朋友是谁。
3. 我不懂政治，也不懂经济。
4. 我也不知道该怎么说才好。
5. 我还看不懂中文报。

11 〜するのが楽しみだ、〜するのを希望している

盼望着…
期待（着）…
希望…

「心待ちにして待ち望んでいる」は、"盼望着"で表します。
「楽しみにしている」は"期待（着）"で表します。"盼望着"よりも軽くなります。
"希望"は、「望む、そうあってほしい」ことを表します。

・私はあなたと一緒にヨーロッパ旅行するのを楽しみにしています。
 我盼望着和你一起去欧洲旅游。

・あなたが早く回復することを祈っています。
 我盼望着你早日康复。

・前は早く大きくなりたいと思っていたけど、今はこれ以上大きくなりたくありません。
 我以前盼望着能快点长大，但是现在不想再长大了。

・あなたにまた会えることを楽しみにしています。
 我非常期待跟你再见面。

・あなたの返信を楽しみにしています。
 我期待着你的回信。

・私は自分たちのプレゼンがうまくいくことを望んでいます。
 希望我们的报告能顺利完成。

・あなたがすべてがうまくいくことを望んでいます。
 我希望你一切都好。

さっそく、中国語で伝えてみましょう！

1 あなたがまた日本に来ることを心待ちにしています。
   （　能　／　再来日本　）

2 近いうちに会えることを楽しみにしています。
   （　能　／　早日　／　相見　）

3 あなたが戻ってくるのを楽しみにしています。
   （　回来　）

4 御社の一員になれることを希望しています。
   （　能够　／　成为　／　贵公司的一员　）

5 私はあなたが受け入れてくれることを望んでいます。
   （　能　／　接受　）

解答
1 我盼望着你能再来日本。
2 我期待着我们能早日相见。
3 我期待着你回来。
4 我期待着能够成为贵公司的一员。
5 我希望你能接受。

12 しばらく〜、長い間〜していない、〜年ぶりに…する

好久 + 没有 VO（了）

很／好长时间 + 没有 VO（了）

［具体的な期間］+ 没有 VO（了）

"好久"は「長い間」を示します。「期間 + "没 VO"」の語順に注意してください。文末に"了"がある場合は、「〜していないことになる」という一種の変化を示します。"两年"が出てきたら、「2 年」か「ここ数年」という概数の可能性もあることに注意しましょう。

・久しぶりです。
　好久不见了。

・私たちは長い間一緒に映画を見に行ってません。
　我们很长时间没有一起去看电影了。

・久しく中国語を勉強していないことになります。
　我好长时间没学中文了。

・2 年中国へ行っていません。
　我两年没去中国了。

・長い間連絡を取っておりませんでしたが、最近は元気ですか？
　很长时间没联系了，你最近还好吗？

・私は長い間ずっと風邪が治りません。
　我感冒很长时间都没好。

・彼はここ 2、3 年彼女がいません。
　他这两年没有谈过恋爱。

さっそく、中国語で伝えてみましょう！

1. 私は2年実家に帰ってないので、ホームシックになります。
   （ 回老家 ／ 很想家 ）

2. 私は長いこと煙草を吸っていませんでした。
   （ 抽烟 ）

3. 彼とは長い間口をきいていません。
   （ 跟 ／ 说话 ）

4. 私は長い間連絡を取ってない友達に連絡してみたいと思います。
   （ 想 ／ 跟 ／ 联系的朋友 ／ 一下 ）

5. 彼のブログは2週間更新されていない、どうしたのかな？
   （ 博客 ／ 更新 ／ 怎么回事 ）

解答
1. 我两年没有回老家了，很想家。
2. 我很长时间没有抽烟了。
3. 我跟他好久没说话了。
4. 我想跟好久没有联系的朋友联系一下。
5. 他的博客两个星期没有更新，怎么回事？

Chapter 2 文を作るための道具箱（構文編）

13 〜しなくてはいけない、〜が必要だ

要、得、应该、该、需要
该…了

否定の形は、"不用VO"、「その必要がない」は、"没必要"を用います。
"得"はより口語的な表現、"需要"はより固い表現、接客用語でよく使われます。
"该…了"は、「もう〜するころ合いだ」「もう〜しなきゃ」を表します。

・明日は仕事の後、友達に会いに行かなければなりません。
　明天下班以后，我得去见一个朋友。

・時間も遅くなったので、もう行かないと。
　时间不早了，我该走了。

・あなたにどう感謝したらいいか。
　我该怎么感谢你才好。

・何か必要なことがあれば、私にいつでも言ってください。
　有什么需要的，随时告诉我。

・彼はまだあなたの助けが必要なので、ちゃんとお世話してあげてください。
　他还需要你的帮助，好好照顾他。

・遠慮なさらないでください、これは私が当然すべきことですから。
　不用客气，这是我应该做的。

・上司に日本に戻ってくるように言われたので、明日（飛行機で）日本に戻らなくてはなりません。
　上司让我回去，明天我要飞回日本去了。

・どのお飲み物にしましょうか？
　您需要什么饮料？

さっそく、中国語で伝えてみましょう！

1. 最近二回りほど太ったので、ダイエットしなければいけません。
   （　胖　／　两圈　／　减肥　）

2. 私は会社を作りたいのですが、どんな手続きをとらなければならないでしょうか？
   （　开一家公司　／　办理　／　手续　）

3. クラスメイトが入院したので、病院に行ってみないと。
   （　同学　／　住院　／　医院　／　看看　）

4. あなたに感謝しなければならない、あなたは私をたくさん助けてくれました。
   （　感谢　／　帮　）

5. まだめまいがするなら、もう少し休むべきです。
   （　如果　／　头晕　／　休息　／　一下　）

解答

1. 我最近胖了两圈，得减肥了。
2. 我想开一家公司，需要办理什么手续？
3. 我的同学住院了，得去医院看看。
4. 我应该感谢您，您帮了我很多。
5. 如果你还头晕，应该再休息一下。

14 〜なはずだ、〜だろう、〜かもしれない

　应该
　　可能、恐怕、会
　　大概、估计、也许

「〜ないだろう」は"不会的""不会VO"、「〜なわけがない」は"不可能的""不可能VO"。"估计"は「見積もる」意味で、否定副詞は前におけません。名詞用法ももちます。"恐怕"「おそらく〜」、"也许"「〜かもしれない」は副詞です。否定の形をもちません。

・たぶん彼は私の誕生パーティーに参加できなくなったのでしょう。
　我估计他不能参加我的生日派对了。

・おそらく１週間でビザの手続きが完了します。
　估计七天就能办好签证。

・たぶんそうでしょう。
　大概是这样吧。

・彼の様子からすると、彼は私の友達を好きになったに違いない。
　看他的样子，应该喜欢上我的朋友了。

・やるべきことはすべてやったから問題ないはずです。
　该做的都做了，应该没问题。

・おそらく今彼に言ってもダメです。
　恐怕现在跟他说也没有用。

・彼の態度はちょっとおかしかった。もしかしたら彼は私をだましているかもしれません。
　他的态度有点儿不自然，也许在骗我？

さっそく、中国語で伝えてみましょう！

1　私たちはもう会えなくなるかもしれません。
　　（　从此以后　／　再　／　也　／　见不到　）

2　おそらく、3日あればできあがると思いますよ。
　　（　就　／　做好　）

3　こんなに天気がいいんだから、明日は雨が降りっこないですよ。
　　（　这么好　／　下雨　）

4　彼はおそらく賛成しないと思います。
　　（　同意　）

5　こんなに念入りに準備したのですから、問題が起きるはずがありません。
　　（　准备　／　这么周到　／　出　／　问题　）

解答
1　我们也许从此以后再也见不到了。
2　估计三天就做好了。
3　天气这么好，明天不会下雨的。
4　可能他不会同意。
5　我们准备得这么周到，不可能出问题。

15 〜を覚える、〜を覚えている、思い出す、忘れない

记得、记住

想起（来）

忘不了、不会忘记

動詞"记"自体は、「記憶する」か「メモをとる」の意味です。
「覚えた」は"记住了"となります。この"住"は「留める」という意味の結果補語です。
「覚えている」状態は、"记得"になります。

- おそらく彼はまだ私のことを覚えていると思います。
  可能他还记得我。

- 私はあなたがあの時なんと言ったか覚えています。
  我记得你那时说的话。

- 日本語のことわざをあなたはどれくらい覚えていますか？
  日语的谚语，你记得多少？

- 少し話して、突然彼が誰か思い出しました。
  聊了一会儿以后，我忽然想起来他是谁了。

- 私はきっと君の誕生日を覚えるよ。
  我一定会记住你的生日。

- 私はあの日々を永遠に忘れられません。
  我永远忘不了那些日子。

- あなたのことを一生忘れません。
  我一辈子都不会忘记你。

さっそく、中国語で伝えてみましょう！

1. 最近記憶力があまり良くなくて、そのことを私はどうしても思い出せません。
   （　那件事　／　怎么也　）

2. あなたは私たちが初めて会った日のことを覚えていますか？
   （　还　／　见面　／　那天　）

3. 帰宅した後、今日が何の日かやっと思い出しました。
   （　回家以后　／　才　／　什么日子　）

4. 今日学んだいくつかの単語は、どうしても覚えられません。
   （　几个词　／　也　）

5. まだ仕事を始めたばかりで、たくさんのことを覚えないといけなくて、本当に大変です。
   （　刚刚　／　开始　／　工作　／　要　／　辛苦　）

解答

1. 最近记性不大好，那件事我怎么也想不起来。
2. 你还记得我们第一次见面的那天吗？
3. 我回家以后，才想起来今天是什么日子。
4. 今天学的几个词，我怎么也记不住。
5. 刚刚开始工作，有很多东西要记住，真的很辛苦。

16 ～を忘れる、覚えていない

忘了、忘记了、忘 V(O) 了
不记得了、记不清

「～を［どこどこ］に忘れる」は「"把"＋モノ＋"忘在"＋場所＋"了"」の形で覚えましょう。
「覚えていない」は、"不记得了""记不清"は「はっきり覚えてない」と控えめな表現です。
"忘记了""忘了"は、「忘れた」「忘れていた」の意味です。

・彼の名前はもう覚えていません。
　他的名字，我已经不记得了。

・パスワードを忘れてしまった。どうしよう。
　我把密码忘了，怎么办！

・私は財布を家に忘れてきてしまいました。
　我把钱包忘在家里了。

・傘を持ってくるのを忘れました。
　我忘带雨伞了。

・彼がさっき何と言ったかはっきり覚えていません。
　我记不清他刚才说了什么。

・そんな大事なことを私は忘れてしまった。私が悪いです。
　这么重要的事情我都忘记了，是我不好。

・明日教科書を持ってくることを忘れないでください。
　你别忘了明天把课本带来。

さっそく、中国語で伝えてみましょう！

1. 宿題をやったのに、持ってくるのを忘れました。
   （　做好　／　作业　／　却　／　带来　）

2. あの時自分が何と言ったか、全く覚えていません。
   （　那时　／　说什么　／　完全　）

3. 資料を会社に置いてきてしまったので、もう一度コピーしなければ。
   （　把材料　／　在公司里　／　所以　／　得　／　复印　／　一下　）

4. あなたに返信するのを忘れていました。
   （　回信　）

5. すみません。あなたのことは覚えてるけど、名前は忘れてしまいました。
   （　不好意思　／　名字　）

解答
1. 我昨天做好了作业，却忘了带来。
2. 那时我说了什么，完全不记得了。
3. 我把材料忘在公司里了，所以得再复印一下。
4. 我忘了给你回信了。
5. 不好意思，我记得你，但是名字忘记了。

17 ～がうれしい、満足している、楽しい、うらやましい

高兴、开心、羡慕、满意

何かをして、楽しかったというときは、"V 得很开心"の状態補語の形を使ってみましょう。「～してうれしい／うれしかった」の「～して」は、"很高兴"の前後いずれにもおけます。満足している場合は"满意"、中国語の"满足"は「思い通りになる」「誰かを満足させる」意味です。

- あなたと知り合えて、とてもうれしいです。
  认识你，很高兴。

- あなたと一緒に年越しできることをうれしく思います。
  我很高兴能和你一起过年。

- 今日は遊んでとても楽しかったです。とっても面白い所に連れて行ってくれてありがとう。
  我今天玩儿得很开心，谢谢你带我去这么好玩儿的地方。

- 本当に私がうらやましいですか？　何がうらやましいか言ってごらん。
  你真的羡慕我吗？　羡慕什么，你说。

- あなたの彼氏本当にかっこいいよね。うらやましいわ。
  你的男朋友真帅，羡慕你。

- 彼ら二人は誰もがうらやむカップルだったのに、なぜか別れてしまいました。
  他们俩是令人羡慕的一对儿，但不知怎么就分手了。

- 私は今の仕事にとても満足しています。
  我对现在的工作很满意。

- このドラマのエンディング、私は不満です。
  我对那个连续剧的结尾不太满意。

さっそく、中国語で伝えてみましょう！

1 今日のパーティーはとても楽しかったです。呼んでくれてありがとう。
（ 派对 ／ 玩儿得 ／ 叫我来 ）

2 あなたもそう考えてくれていたなんて、とてもうれしいです。
（ 这样想 ）

3 この店のサービスはとてもいいので、私はとても満足しています。
（ 这家店 ／ 服务 ）

4 あなたが毎日とても充実した日々を送っていると聞いて、とてもうらやましく思いました。
（ 听说 ／ 都 ／ 过得 ／ 充实 ／ 感到 ）

5 どうして、私たちはいつも他人がうらやましくなるのでしょうか？
（ 总是 ／ 会 ／ 别人 ）

解答

1. 今天的派对玩儿得很开心，谢谢你叫我来。
2. 你也这样想，我很高兴。
3. 这家店服务很好，我很满意。
4. 听说你每天都过得非常充实，我感到很羡慕。
5. 为什么我们总是会羡慕别人？

18 だれだれと〜する・した

跟 ＋ ヒト ＋ 一起 VO（了）
陪 ＋ ヒト ＋ VO

誰かと何かをする場合、相手を引き出す場合は「"跟" ＋ ヒト」を動詞の前におきます。
「誰かに付き添って」のニュアンスを出すには、「"陪" ＋ ヒト」の形をとります。
"一起 VO" の "一起" は副詞、"在一起" の "一起" は名詞です。

- 私は毎朝父と一緒に公園に行ってジョギングしています。
  我每天早上跟爸爸一起去公园跑步。

- 彼は明日私と一緒にライブに行きます。
  他明天跟我一起去看演唱会。

- 私は昨日母と一緒に買い物に行きました。
  我昨天跟妈妈一起去买东西了。

- もともとあなたと一緒に行きたかったけど、結局行けなくなりました。
  我原来想跟你一起去，结果去不了了。

- 明日部長と御社に伺いますので、弊社の商品を考えていただければと思います。
  我明天跟部门经理一起去您公司，希望您能考虑我们的产品。

- 妻が道で転んでしまって、今から彼女に付き添って病院に行かなくてはなりません。
  我妻子刚才在路上摔倒了，我现在要陪她去医院。

- 私はあなたと一緒にいたくない。
  我不想跟你在一起。

さっそく、中国語で伝えてみましょう！

1. 今日はずっと図書館で友達と一緒に勉強していました。
   （　一直　）

2. 昨晩は上司とカラオケに行き、朝までずっと歌っていました。
   （　上司　／　唱卡拉 OK　／　一直　／　唱到　／　早上　）

3. 毎週金曜日は私は友達と一緒に中国語の授業に出ています。
   （　上中文课　）

4. 私はあなたと一緒に旅行に行きたくない、なぜならあなたはわがますぎるから。
   （　旅游　／　因为　／　太　／　任性　）

5. 私は子どもと一緒に寝る時間が一番幸せです。
   （　孩子　／　睡觉的时候　／　最幸福　）

解答

1. 今天我一直在图书馆跟朋友一起学习。
2. 昨天晚上我跟上司去唱卡拉 OK，一直唱到早上。
3. 每周五我都跟朋友一起上中文课。
4. 我不想跟你一起去旅游，因为你太任性了。
5. 我陪孩子睡觉的时候是最幸福的。

19 どれだけ／たくさん～した

V 了 + ［どれだけ／たくさん］…

「どれだけ何かをした」という場合は、「"V 了" + **どれだけ**」の形をとります。
どれだけに入るものは具体的な数量、時間、「少し、ちょっと、しばらく」を表す"一下""一点儿""一会儿"などです。
「VO（"已经"） + **どれだけ** + "了"」の場合の VO は、「何かをして」という一つの起点となっています。

・私は北京に 3 回行ったことがあります。
　我去了三次北京。

・私は少しビールを飲んだので、車の運転はできません。
　我喝了一点儿啤酒，不能开车。

・私はもう何度も見たので、もう見飽きました。
　我看了好几次了，已经看腻了。

・彼はもうたくさんミスをしているので、上司も我慢できなくなりました。
　他已经弄错很多次了，上司也受不了了。

・もう 3 キロ歩いたので、少し休みませんか。
　已经走了三公里了，我们休息一下吧。

・北京に行くのに 3 時間飛行機に乗りました。
　我到北京坐了三个小时的飞机。

・ピアノを習い始めてもう十数年になります。
　我学弹钢琴已经十多年了。

・来てどれくらいになるの？
　你来多长时间了？

さっそく、中国語で伝えてみましょう！

1. 私は中国語を学んで2年になります。
   （　中文　／　已经　）

2. たくさん食べたので、もう食べられません。
   （　不少　／　已经　／　吃不下　）

3. 買うように頼まれたその本は、ずっと探したけどまだ見つかりません。
   （　让　／　找　／　很长时间　／　找到　）

4. もうすでに長い間歩いたので、動けません。
   （　已经　／　走不动　）

5. もうあなたに何度も言いましたが、まだ分からないですか？
   （　跟你说　／　好几遍　／　还　／　不明白　）

解答

1. 我学中文已经学了两年了。
2. 我吃了不少了，已经吃不下了。
3. 你让我买的那本书，我找了很长时间还没找到。
4. 已经走了很长时间了，走不动了。
5. 我跟你说了好几遍了，你还不明白吗？

20 まだ〜していない

还没 VO
还没 VR

「〜をしていない」という**事実の否定**の場合は "没 V" で示します。
「まだ〜していない」は、"还没 V（O）（呢）" の形をとります。
結果補語（R）を伴う形の否定の形は、"没 VR" で、この場合 "不" では否定できません。

・会社に戻ってきたばかりで、まだ昼ご飯を食べていません。
　我刚回公司，还没吃午饭呢。

・暴雨がまだ去ってないのに、台風がまたやってきました。
　暴雨还没走，台风又来了。

・昨日聞かれた質問、まだ結論を出せていないです。
　你昨天问的问题，我还没想好呢。

・彼はまだ宿題が終わらないのに遊びに出かけてしまいました。
　他还没做完作业，就出去玩儿了。

・彼の「モテキ」はまだ来ていない。ずっと待っています。
　他的桃花运还没到，一直等着呢。

・来月上海に行く飛行機のチケットが買いにくくて、まだ手に入れてません。
　下个月去上海的机票不好买，我还没买到。

・あなたはたくさんの人が、あなたを助けてくれていたことにまだ気付いてないのかもしれません。
　你也许还没意识到很多人帮助过你。

さっそく、中国語で伝えてみましょう！

1. 昨日なくした財布がまだ見つかっていません。
　　（　丢的钱包　／　找到　）

2. 買い物から帰ってきたばかりで、まだ何の支度もしていません。
　　（　刚　／　买东西　／　回来　／　什么都　／　准备　）

3. 来週のサッカーの試合のチケットはまだ手に入れていません。
　　（　足球比赛　／　票　／　买好　）

4. 仕事が終わらないのに、もう時間になってしまいました。
　　（　工作　／　结束　／　就　／　到　／　下班的时间　）

5. もうすぐ締め切りが来るが、まだ書き上がっていません。
　　（　截止日期　／　马上　／　到　／　可是　／　写完　）

解答

1. 昨天丢的钱包还没找到。
2. 我刚买东西回来，还什么都没准备。
3. 下周足球比赛的票，还没买好。
4. 工作还没结束，就已经到下班的时间了。
5. 截止日期马上到了，可是还没写完。

21 〜して…と思う・思った

看、想、觉得、认为、感到
以为

通常は、"看""想""觉得"を用い、フォーマルな場所では、"认为"を用います。
"感到"の後には、感情を表す二音節の形容詞や心理動詞がきます。
"以为"は、「（実は違っていたのだが、そう）思い込んでいた」の意味で用います。

- あなたはどう思いますか？
  你看怎么样？

- あなたの考えはいいと思います。
  我觉得你的看法不错。

- 私は自分が間違っているとは思いません。
  我不觉得自己错了。

- 私は彼の考えが甘いとは思いません。
  我不认为他的想法很天真。

- 仕事が終わって自分の家に戻ると、私一人だけで、孤独を感じます。
  下班后回到家里，只有自己一个人，感到很孤独。

- 私はこの世界に本当にいい人なんていないと思います。
  我认为这个世界上没有所谓真正的好人。

- 私は彼女がすでに結婚していると思っていました。
  我以为她已经结婚了。

さっそく、中国語で伝えてみましょう！

1. 私は彼がうそを言っているとは思いません。
   （ 在 ／ 说谎 ）

2. あの時、あなたは何を思いましたか？
   （ 那时候 ）

3. 弊社のアフターサービスはやはりとても行き届いていると思います。
   （ 我们公司 ／ 售后服务 ／ 周到 ）

4. 私はあなたがすでに連絡を済ませていると思っていました。
   （ 已经 ／ 联系好 ）

5. 彼が仕事を辞めると聞いて、少しも驚きはしませんでした。
   （ 听到 ／ 辞掉 ／ 意外 ）

解答

1. 我不觉得他在说谎。
2. 那时候，你想过什么？
3. 我们认为我们公司的售后服务还是很周到的。
4. 我以为你已经联系好了。
5. 听到他辞掉工作，我一点儿也不感到意外。

22 〜してもらう、〜される

给 + ヒト + VO

把 O + V 给 + ヒト

V 给 + ヒト + O

帮 + ヒト + VO

「"给" + ヒト + VO」の前置詞フレーズ「"给" + ヒト」は、「〜に」「〜のために」の意味をもちます。
"V 给"の"V"は、何らかのモノや知識の譲渡があるものに限られ、二重目的語をとれます。
"帮"は「手伝う」の意味ももちますが、「〜のために」「〜の代わりに」の意味でも用います。

・この商品に在庫があるかどうか調べてください。
　请你帮我查一下这个有没有货。

・あなたに私の故郷について紹介しましょう。
　我给你介绍一下我的家乡。

・1曲いい中国語の歌を歌ってくださいよ。
　你给我唱一首好听的中文歌吧。

・私に面白い話をしてくれませんか？
　你给我讲一个有意思的故事，好吗？

・数日前、あなたからのプレゼントを受け取りました。
　前几天，我收到了你送给我的礼物。

・先生は私たちに多くの新しい知識をくれて、とても感謝しています。
　老师教给我们很多新的知识，我们非常感谢他。

・ホチキスを貸してください。
　你把订书机借给我用一下。

さっそく、中国語で伝えてみましょう！

1. 私はいつも彼女のために旅行のスケジュールを組んであげています。
   （ 常常 ／ 安排 ／ 旅行的日程 ）

2. もしよければ、私にこの商品の良さを教えてください。
   （ 如果可以的话 ／ 介绍 ／ 商品的优点 ）

3. 彼はいつも私にいろいろな料理を作ってくれます。
   （ 经常 ／ 做 ／ 各种各样 ／ 菜 ）

4. 私の名刺をあなたに置いていくので、もし興味があったら私に連絡をください。
   （ 名片 ／ 留 ／ 如果 ／ 有兴趣 ／ 联系 ）

5. 幼いころ、母は私にたくさんの服を作ってくれました。
   （ 做 ／ 不少 ）

解答

1. 我常常帮她安排旅行的日程。
2. 如果可以的话，你给我介绍一下这个商品的优点。
3. 他经常给我做各种各样的菜。
4. 我把我的名片留给你，如果你有兴趣就跟我联系吧。
5. 小时候，我母亲给我做了不少衣服。

23 〜だったらいいなと思う、〜すればそれでいい

要是／如果…的话，就好（了）／就行（了）／就可以了／就过去了

"就"は副詞で、前の動作を受けて、「それならば〜」の意味です。
"就好了""就行了""就可以了"は「それでいいということになる」「それでかまわない」です。
"就过去了"は、前を受けて、「そのままで過ぎていく」「どうにかなる」の意味です。

・もし彼も私のことが好きならそれでいいです。
  要是他也喜欢我就好了。

・これが本当になればいいのにな。
  如果这能成真就好了。

・もしあなたが覚悟ができているならそれでいいです。
  你心里有数就好。

・あなたがいいと言えばいいのです。
  你说行就行。

・あなたが一人で行けばそれでいいです。
  你一个人去就行了。

・今は大変だけども、もう一度続けて頑張ればそれでいいです。
  虽然现在很辛苦，但再坚持一下就过去了。

・知らないふりをすればそれで大丈夫だよ。
  假装不知道就可以了。

・もしそうだったらいいのにな。
  要是那样就好了。

さっそく、中国語で伝えてみましょう！

1. もし、明日が休みだったらいいのにな。
   （　休息　）

2. 彼が私の彼氏だったらいいのにな。
   （　男朋友　）

3. この商品は品質がいいので、もっと多く売れるといいのですが。
   （　商品　／　质量　／　能　／　卖出去　／　更　）

4. あなたがあの時そう言ってくれたらよかったのに。
   （　当时　／　这样说　）

5. 私の彼氏の条件は、やさしければそれでいいです。
   （　找男朋友　／　性格温柔　）

解答
1. 要是明天休息就好了。
2. 如果他是我的男朋友就好了。
3. 这个商品质量很好，要是能卖出去更多就好了。
4. 如果你当时这样说就好了。
5. 我找男朋友的条件是性格温柔就可以了。

24 思ったとおり〜、思ったより〜

像我想的／那样／一样…
比我想像的／我预想的…
没有我想像的那么…

比較の文を用い、「"比…" ＋ 形容詞」、否定は、「"没有…（那么）" ＋ 形容詞」で表します。
「思ったとおり〜だ」は「"像…一样" ＋ 形容詞」や「"跟…一样" ＋ 形容詞」の形を使います。
「形容詞＋"多了／得多"」は、「ずっと〜だ」の意味です。
比較の文の形容詞の前の"要"は推察を表します。

・彼は思ったとおりやさしい。
　他就像我想的那样温柔。

・彼はあなたが言うほどではなく、ただ見た目が良かっただけでした。
　他不像你说的那么好，只是长得很帅。

・この問題は私が思うよりも複雑です。
　这个问题比我想像的要复杂。

・一人で中国に来ましたが、想像したほど孤独とは思いませんでした。
　虽然是一个人到中国来，但是觉得没有我想像的那么孤独。

・今日送られてきた服は自分が思ったようなものではなく、あまりかっこよくありませんでした。
　今天寄过来的衣服不是跟我想的那样，不太好看。

・彼の性格は私が思ったよりもずっと良かったです。
　他的性格比我想像的好得多。

・あのレストランの料理は思ったよりもおいしかった。
　那家饭馆的菜比我想像的好吃。

さっそく、中国語で伝えてみましょう！

1. あのテーマパークは思った以上に楽しかった。
   （　主题乐园　/　要　/　好玩儿　）

2. 日本の中華料理屋さんは、思ったほど辛くないです。
   （　中国饭馆　/　辣　）

3. 彼らのライブは思ったとおりで、良かった。
   （　他们的演唱会　）

4. この問題はあなたが思っているほど複雑ではありません。
   （　复杂　）

5. 出来上がった商品は予想よりずっと良かった。
   （　做出来　/　更　）

解答
1. 那个主题乐园比我想像的要好玩儿。
2. 日本的中国饭馆没有我想像的辣。
3. 他们的演唱会就像我想像的一样，非常好。
4. 这个问题，没有你想像的那么复杂。
5. 做出来的商品比我预想的更好。

25 〜だそうだ、〜と書いてある

听说、听 + ヒト + 说
书上／网上／天气预报说

"听说"は、通常文頭におき、伝え聞いた内容が後に続きます。
誰かから伝え聞いたなど、情報源は、"听"と"说"の間におきます。
何かの本に書いてあったという場合は、"…书上说"と場所を示す"上"が必要です。

・彼は明日来るそうですね。
 听说他明天要来。

・先生から聞いたところによると、今回の試験はちょっと難しいらしい。
 听老师说这次考试有点儿难。

・占いの本では私と彼女が付き合えないのは、私たちが合わないからだそうです。
 算命书上说，我和她不能谈恋爱，因为我们八字不合。

・天気予報によると週末は雨だそうです。
 天气预报说，这个周末有雨。

・上司の話によると、来週李社長が新しいプロジェクトの相談で会社に来るらしい。
 听上司说，下周李总要来公司跟我们商量新的项目。

・あなたに新しい彼女ができたそうだけど、本当ですか？
 听说你有了新的女朋友，是真的吗？

・彼らは3週間付き合って、すぐに別れたと聞いています。
 听说，他们谈了三个星期就分手了。

さっそく、中国語で伝えてみましょう！

1. ここで手続きができると聞いたのですが、そうですか？
   (　办　／　手续　)

2. 友達からこの店の料理はどれもおいしいと聞きました。
   (　这家的菜　)

3. 部長から御社の社長はとてもユーモアのある方だと聞きました。
   (　部长　／　贵公司总经理　／　幽默　)

4. あなたと彼氏がけんかしたそうですが、何があったのですか？
   (　和男朋友　／　吵架　／　回事　)

5. ネットに書いてあることは事実とは限らないので、信じてはいけません。
   (　事实　／　相信　)

Chapter 2 文を作るための道具箱（構文編）

解答

1. 听说这儿可以办手续，是吗？
2. 听朋友说这家的菜都很好吃。
3. 听部长说，贵公司总经理是一个很幽默的人。
4. 听说你和男朋友吵架了，怎么回事？
5. 网上说的东西不一定是事实，你不能相信。

26 〜しないなら…する／しない

要是／如果(…的话)，就…

"要是／如果"は、主語の前でも後でもおけます。
会話なら"要是／如果"がなくても、後文とをつなぐ副詞"就"があれば文意が伝わります。
"要是／如果"または、"的话"があれば、仮定の条件を表すことができます。
"要不是"は「もし〜でなかったら」を表します。

・あなたはもし頑張らないなら、中国語のレベルも上げられませんよ。
　你要是不努力，就不能提高自己的汉语水平。

・もしあなたでなかったら、私はとっくに怒っていました。
　要不是你，我早就生气了。

・もし彼があなたの体がよくないと知ったら、彼はとても心配すると思うよ。
　如果他知道你身体不好的话，会很担心。

・あなたが行かないなら、私は行きます。（あなたが行くなら、私は行かない）
　你不去，我就去。

・あなたたちがディスカウントしてくれないなら、買いません。
　你们不打折，我就不买了。

・もしこの商品が売れなかったら、私たちはパッケージを変えてみましょう。
　如果这个产品卖不动，就换个包装再试试。

・もし私が仕事を失ったらどうやって子どもと生きていけばいいのですか？
　如果我没了工作，怎么跟孩子活下去呢？

・もし間に合わないなら、私たちはタクシーで行くしかありません。
　要是来不及的话，我们只有打车去了。

さっそく、中国語で伝えてみましょう！

1. 大学に行っていなかったら、中国語を勉強することもありませんでした。
   （　上大学　／　会　／　学习　）

2. あの日図書館に行かなければ、君に会うこともありませんでした。
   （　会　／　见到　）

3. もしあなたが来るなと言ってくれたら、私も行くこともなかったのに。
   （　别来　）

4. もし私が中国に行かなければ、本当の中国を知るチャンスもありませんでした。
   （　机会　／　真正　）

5. もしあなたが連絡をくれなかったら、あなたが今どうなっていたか知る方法がありませんでした。
   （　跟我　／　联系　／　办法　／　怎么样　）

Chapter 2

文を作るための道具箱（構文編）

解答
1. 如果我没上大学，就不会学习中文。
2. 如果那天我没去图书馆，就不会见到你。
3. 如果你说别来，我就不去了。
4. 要是我不去中国，就没有机会知道真正的中国。
5. 要是你没跟我联系，我就没办法知道你现在怎么样了。

27 〜を後悔している

后悔

「後悔するよ」と言う場合は"会后悔(的)"となります。
"感到后悔"とも言えますが、やや硬い表現です。
"心中的后悔（後悔の念）""没有后悔药（後悔を治す薬はない）"という表現もあります。

- 両親を悲しませて後悔しています。
  我很后悔惹父母伤心。

- 彼は彼女と結婚したことを後悔しています。
  他很后悔跟她结婚。

- あの時自分のした行為を後悔しています。
  我很后悔那时候自己的行为。

- 子どものころ、まじめに勉強しなかったことを後悔しています。
  我很后悔小时候没有认真学习。

- 先生に言ったあの言葉を今思い起こしても後悔しています。
  我对老师说的那句话，现在想起来也很后悔。

- 去年のあのことをずっと後悔しています。
  去年的那件事，我一直很后悔。

- 彼はずっとピアノを続けなかったことを後悔しています。
  他一直后悔没坚持弹钢琴。

- 今後悔したって仕方がない。私たちは前を見なければいけません。
  现在后悔也没有用，我们得向前看。

さっそく、中国語で伝えてみましょう！

1. 私は君に話したことを後悔しています。
   （　告诉　）

2. あの時反論しなかったことを後悔しています。
   （　那时　／　反驳　）

3. 私は夢を追いかけなかったことを後悔しています。
   （　现在　／　当时　／　去追求　／　自己的梦想　）

4. 私は若いころにただひたすら一生懸命働いたことを後悔しています。
   （　年轻的时候　／　只知道　／　拼命工作　）

5. 私は本当のことを言わなかったことを後悔しています。
   （　说　／　实话　）

解答

1. 我很后悔告诉了你。
2. 我很后悔那时我没反驳。
3. 我现在很后悔当时没去追求自己的梦想。
4. 我后悔年轻的时候只知道拼命工作。
5. 我很后悔没说实话。

28 〜する…がない

没(有)时间／没(有)钱／没(有)话说 ［連動文］
没(有)人… ［兼語文］

"没(有)…"の後に何かがなくて、できない内容を続けます。
「"没(有)… ＋ VO"」は、時間、チャンス、お金、場所などに限られます。
「"没(有)… ＋ VO ＋ 了"」の場合は「〜する…がなくなった」となり、"了"は変化を示します。

- 彼は最近忙しくて私に連絡する時間がありません。
  他最近很忙，没有时间跟我联系。

- 私の周りには中国人がいないので、中国語を話すチャンスがありません。
  我的周围没有中国人，所以没有机会说中文。

- 去年やっと卒業して就職したばかりなので、車を買う金がありません。
  我去年才毕业，刚参加工作，没有钱买车。

- 家を買う金がなくても心配しないで、銀行に借金すればいいんだから。
  没钱买房也不要紧，去银行贷款就好了。

- 今は説明する時間がなくなったので、もし問題があれば、後にしよう。
  现在没有时间解释了，有问题以后再说。

- 私の住んでいる所はとても辺ぴなので、遊ぶ場所もありません。
  我住的地方很偏僻，没有地方玩儿。

- 私が入院して、世話をしてくれる人がいなかったらどうしよう。
  我住院没有人照顾怎么办？

- 最近彼氏といても、話すことがなくなりました。
  最近我跟男朋友没有话说了。

さっそく、中国語で伝えてみましょう！

1 最近運動をする時間もなく、その上ストレスも大きい。
（ 运动 ／ 而且 ／ 压力 ）

2 私は彼にすでに何度も説明をしたので、もう説明する必要はありません。
（ 解释 ／ 好几次 ）

3 私には彼らの頼みを断る理由がないので、やむなく受け入れました。
（ 拒绝 ／ 请求 ／ 只好 ／ 接受 ）

4 あなたの部屋は汚すぎて、全く足の踏み場もない。
（ 房间 ／ 脏 ／ 都 ／ 下脚 ）

5 このことを知っている人はいません。
（ 这件事 ／ 知道 ）

解答

1 我最近没有时间运动，而且压力也很大。
2 我已经给他解释了好几次，没必要再解释了。
3 我没有理由拒绝他们的请求，只好接受了。
4 你的房间太脏了，都没有地方下脚。
5 没有人知道这件事。／这件事没有人知道。

29 〜に感動した、感激した、驚いた

感激、感动、激动
吃惊、吓到 ＋ ヒト／把 ＋ ヒト ＋ 吓了一跳／吓坏了
惊讶、动人
让人…

感情を表すとき、「"把／让／令／使" ＋ ヒト ＋ 心理動詞」の形にして、受身の表現にすることがよくあります。
その感情になって、どうなったという場合は、「心理動詞 ＋ "得" ＋（どのようか）」で、状態補語の形で示します。

・彼女の歌は、心を揺さぶられます。
　她的歌声非常动人。

・今回の仕事ではあなたが私をたくさん助けてくれました、とても感激しています。
　这次的工作你给了我很多帮助，我很感激。

・会いたかったスターについに会えて、興奮しています。
　终于见到了想见的明星，我激动极了。

・中国語を学んで2年もしないのにこんなにうまいなんて、びっくりしました。
　你学中文还没到两年就说得这么好，我很惊讶。

・あなたがここで仕事をしているなんて思いもしなかったよ、びっくりしたよ。
　没想到你在这儿工作，太吃惊了。

・突然花火の音がして、びっくりしました。
　突然听到放烟花的声音，把我吓了一跳。

・こんなめちゃくちゃな部屋を初めて見て、驚きました。
　第一次看到这么乱七八糟的房间，吓到我了。

さっそく、中国語で伝えてみましょう！

1. クラスの高嶺の花が結婚すると聞いて、私は驚きました。
   （　听说　／　班花　／　要　／　结婚　）

2. 友達の実家の方でまた地震があったと聞いて、私は驚いています。
   （　听说　／　住的地区　／　地震　／　把我　）

3. 子ども向けの映画とはいえ、私は感動しました。
   （　虽说　／　一部　／　儿童电影　／　但是　）

4. 自分が落ち込んでいた時、友達に言われた言葉に痛く感動しました。今でも覚えています。
   （　心情低落时　／　那句话　／　现在　／　还　／　记得　）

5. 私はその知らせを聞いて、感激して涙が出ました。
   （　听到　／　消息　／　流下眼泪　）

Chapter 2 文を作るための道具箱〈構文編〉

解答

1. 听说班花要结婚，我吓了一跳。
2. 听说我朋友住的地区又地震了，把我吓坏了。
3. 虽说是一部儿童电影，但是让我很感动。
4. 心情低落时朋友跟我说的那句话让我很感动，现在还记得。
5. 我听到这个消息，激动得流下了眼泪。

30 〜のために（目的）…

为了…

"为了"の後に目的を示す文が入り、それを受けた動作が後文にきます。
"为了"の後には、ヒトのような名詞のみからVO構造のフレーズまでおけます。
「"(都)是为了"＋ヒト」の形で述語におくことができます。

- 期末試験のために、私は今ゲームもできないし、寝ることもできません。
  为了准备期末考试，我现在既不能打游戏，又不能睡觉。

- 7時の新幹線に間に合うように5時に起きなくてはなりません。
  为了赶上七点的新干线，我得五点起床。

- このプロジェクトのために、彼は業務外の時間を犠牲にしました。
  为了这个项目，他牺牲了业余时间。

- 子どもを一流の大学にやるために、両親はお金を貯め始めました。
  为了能让孩子上一流大学，父母已经开始存钱了。

- 1番を取るために、あなたはどれだけの時間と労力を費やす気がありますか？
  为了得第一名，你愿意付出多少时间和精力？

- 顧客の要求を満足させるために、弊社は二つ目のカスタマーセンターを設置しました。
  为了满足顾客的要求，我们公司设置了第二个服务中心。

- 私たちがそうするのも、全てあなたのためです。
  我们这么做都是为了你。

- 彼女にサプライズをしようと、プロポーズの指輪をケーキの中に入れました。
  为了给她一个惊喜，我把求婚的戒指放在蛋糕里了。

さっそく、中国語で伝えてみましょう！

1. ヨーロッパ旅行に行くために彼女は毎月2万円貯金しています。
   （ 欧洲旅游 ／ 存 ／ 两万日元 ）

2. 目標の実現のために、私たちはやれることはやらなければなりません。
   （ 实现 ／ 目标 ／ 能做 ／ 都 ／ 要做 ）

3. 来月の会社の食事会のために、あちこちふさわしい場所を探しています。
   （ 聚餐 ／ 在 ／ 到处 ／ 寻找 ／ 合适的地方 ）

4. この単位を取るために、私は今週ただひたすら頑張って勉強しなければなりません。
   （ 拿到 ／ 这个学分 ／ 必须 ／ 专心 ）

5. あなたのためなら私はなんだってしてあげたいです。
   （ 什么 ／ 都 ／ 愿意 ）

解答

1. 为了去欧洲旅游，她每个月存两万日元。
2. 为了实现目标，我们能做的都要做。
3. 为了下个月的公司聚餐，我在到处寻找合适的地方。
4. 为了拿到这个学分，我这个星期必须专心学习。
5. 为了你，我什么都愿意。

31 〜のために／せいで（原因）…することができない

因为…，所以…V不了／V不了了…

"V得了／V不了"は「できる／できない」を示す、可能表現です。
"不能…"は「〜してはいけない」の禁止の意味をもつため、あいまいさを避けるなら"V不了"で「〜できない」を示す方法を覚えましょう。
"V不了了"で「〜できなくなった」を示します。文末の"了"は変化を示します。

- 突然の残業のせいで、コンパに行けなくなりました。
  因为突然加班，所以联谊会去不了了。

- 渋滞がひどいので、時間通りに現地に着けなくなりました。
  因为路上堵车很厉害，不能按时到那儿了。

- 彼の言ったひと言のせいで、私は説明する気もなくなりました。
  因为他的这一句话，我连解释的心情都没有了。

- 朝一番から雨が降り出したので、私は行きませんでした。
  因为今天一大早就下起雨来，所以就没去。

- 昨日は疲れて眠かったので、見たいテレビ番組も見られませんでした。
  因为昨天又累又困，想看的电视节目也没看成。

- 相手がビザの関係で来られなくなったので、もとの予定を全て変えないといけません。
  对方因为签证的关系来不了了，所以原定的计划都要改了。

- 相手の条件を受け入れられないので、今回の商談は続けられなくなりました。
  因为不能接受对方的条件，这次协商谈不下去了。

さっそく、中国語で伝えてみましょう！

1. なかに苦手な人がいるので、私は入っていきたくありません。
   （　里面　／　讨厌的人　／　进去　）

2. あなたが来なかったので、午後の練習はキャンセルせざるをえなくなりました。
   （　练习　／　只好　／　取消　）

3. 両親が反対したから、私は自分の夢をあきらめることになりました。
   （　父母　／　不同意　／　放弃　／　梦想　）

4. 私は時間もなければ、お金もないので、どこへも行けません。
   （　既　／　又　／　哪儿　）

5. 最近仕事のストレスが強すぎて、よく眠れません。
   （　工作　／　压力　／　太大　／　睡不好觉　）

Chapter 2 文を作るための道具箱（構文編）

解答
1. 因为里面有我讨厌的人，所以我不想进去。
2. 因为你没来，下午的练习只好取消了。
3. 因为父母不同意，所以我放弃了自己的梦想。
4. 因为我既没时间又没钱，所以哪儿也去不了。
5. 因为最近工作压力太大，所以睡不好觉。

32 確かに〜だけど…、〜だけど確かに…だ

确实是…，但是…

…，但是确实／的确…

…是…，但／就／只…

"确实" は形容詞で「確かだ」という意味でも用いられます。
ここで用いられる"确实" は副詞用法で、動詞の前に用います。
"A 是 A，…" で、「A には A だが」と確かにそうであるというニュアンスを出せます。

- 確かにあなたのミスですが、あまり自分を責めないでください。
  确实是你的错，但是请不要过分责备自己。

- 確かに私は彼が好きではないが、彼にセンスがあることを認めています。
  我确实不喜欢他，但是我承认他很有天赋。

- 確かに彼はかっこいいですが、ただちょっとね。
  他长得帅是帅，就是有点儿那个。

- この商品について、確かに私たちは自信がありますが、何か問題があればいつでも言ってください。
  对于这个商品，我们确实很有信心，但是如果有什么问题请随时告诉我们。

- どうもあなたは興味がなさそうですが、確かに一見の価値はあります。
  你好像不太感兴趣，但是确实值得一看。

- あなたが気に入るかどうか分かりませんが、品質は確かにいいです。
  我不知道你是否喜欢，但是质量的确很好。

- 試したことがないようですが、確かに面白いので、試してみてください。
  看来你没试过，确实很有意思的，试一下吧。

さっそく、中国語で伝えてみましょう！

1. 確かに君のことは好きだけど、今回は君を許すわけにいきません。
   （　原谅　）

2. 確かにいい物だけれど、くれぐれも使う場所を間違えてはダメです。
   （　好东西　／　千万　／　用错　）

3. 確かにそうだけど、今回は仕方がありません。
   （　这样　／　办法　）

4. 君は認めたくないかもしれないけれども、確かに今回は負けを認めるしかありません。
   （　也许　／　承认　／　不得不　／　认输　）

5. 可能性は低いかもしれないけれども、確かにまだ可能性はあります。
   （　虽然　）

解答

1. 我确实很喜欢你，但是这次不能原谅你。
2. 好东西是好东西，只是千万别用错了地方。
3. 确实是这样，但是这次没有办法。
4. 也许你不想承认，但这次确实不得不认输。
5. 虽然可能性很小，但确实还有可能。

33 もう少しで〜するところだった

差点儿…

差点儿没…

"差点儿"の後が悪いことの場合、肯定形であれ、否定形であれ、その出来事は起きていません。
"差点儿"の後がいいことの場合、否定形の場合は実現しており（例 "我差点儿没考上笔试。"「もう少しで筆記試験が不合格だった＝合格した」）、肯定形の場合は実現していません（例 "我差点儿就考上了。"「もう少しで合格した＝不合格だった」）。

- 今日起きるのが遅かったので、遅刻するところでした。
  今天我起得很晚，差点儿迟到。

- 歩きながらスマホを見ていたので、もう少しで事故になるところでした。
  一边走路一边看手机，差点儿出事。

- 朝から何も食べてなかったので、もう少しで倒れるところでした。
  从早上就没吃什么东西，差点儿晕倒了。

- 試験があまり良くなかったので、もう少しで不合格でした。
  考试考得不太好，差点儿不及格。

- 今日新発売のあのカバン、もう少しで買えないところでした。
  今天新上市的那个书包我差点儿没买着。

- 私は朝地下鉄で乗り過ごしたので、もう少しで新幹線に乗り遅れるところでした。
  我早上坐地铁坐过站了，差点儿没赶上新干线。

- ガスコンロの火を消し忘れて、もう少しで火事になるところでした。
  我忘了关煤气灶，差点儿引起火灾。

さっそく、中国語で伝えてみましょう！

1. 昨日は忙しすぎて、もう少しで終電に間に合わなくなるところでした。
   （ 忙得很厉害 ／ 赶上 ／ 末班车 ）

2. 昨日あなたから書類を持ってくるよう言われていたのに、今朝もう少しで忘れるところでした。
   （ 让 ／ 我 ／ 带材料来 ）

3. 彼はとても容姿が変わってしまっていて、もう少しで彼とは分からないところでした。
   （ 完全 ／ 变样 ／ 认不出来 ）

4. ゴールデンウイークの時期は飛行機のチケットが取りづらくて、もう少しで買えなくなるところでした。
   （ 黄金周的时候 ／ 不好买 ／ 买到 ）

5. 彼はいい人だと思っていたので、もう少しでだまされるところでした。
   （ 以为 ／ 好人 ／ 被骗 ）

解答

1. 昨天忙得很厉害，差点儿没赶上末班车。
2. 昨天你让我带材料来，但是我今天早上差点儿忘了。
3. 他完全变样了，差点儿认不出来了。
4. 黄金周的时候机票不好买，我差点儿没买到。
5. 我以为他是个好人，差点儿被骗了。

34 どんなに～でも…する

不管／无论…，也／都…

无论…，也／都…

"无论／不管" の後にくるものは、選択関係（AB、A还是B）、または疑問詞がきます。
そのほかには、「"多(么)" + 形容詞」の形もあります。
"不管" の方がより口語的な表現で、"无论" はよりフォーマルな表現です。

- 日本人であろうと外国人であろうと、みな参加することができます。
  无论是日本人还是外国人，都可以参加。

- 昼間であろうと夜であろうと、その通りはいつもにぎやかです。
  不管白天还是晚上，那条路都很热闹。

- あなたがどんなに努力しても、ダメなものはダメなのです。
  不管你怎么努力，不行的事就是不行。

- 支店で問題が発生したので、どうしても北京に一度行かなければなりません。
  分公司出了问题，无论如何也得去一趟北京。

- あなたがどこにいようと、私はあなたの所に伺います。
  不管你在哪儿，我都能找到你。

- このプロジェクトがどんなに大変でも私は任務をやり遂げなければなりません。
  无论这个项目有多困难，我都要完成任务。

- 問題がどんなに難しくても、いつか解決する日が来ます。
  不管多难的问题，都有解决的那一天。

- 一年中、彼はずっと大きなマスクを着けています。
  无论春夏秋冬，他都一直戴着一个大口罩。

さっそく、中国語で伝えてみましょう！

1. 国内にいようと国外にいようと、身の安全は自分で守るしかありません。
   （　要　／　自己　／　保护　／　自己的安全　）

2. 大人子どもに関わらず、皆あのアニメが好きです。
   （　那部动画片　）

3. みんながどう考えようと、私はあなたを信じています。
   （　怎么想　／　相信　）

4. どんな時だって忘れないでね、君が一人ではないことを。
   （　什么时候　／　不要　／　忘记　）

5. どんなに忙しくても疲れていても、毎月1度は映画を見にいきます。
   （　多忙多累　／　电影　）

Chapter 2 文を作るための道具箱（構文編）

解答

1. 不管你在国内还是在国外，都要自己保护自己的安全。
2. 不管大人还是孩子，都喜欢那部动画片。
3. 不管大家怎么想，我都相信你。
4. 无论什么时候也不要忘记，你不是一个人。
5. 无论多忙多累，我每个月都去看一次电影。

35 〜には失望した、〜は残念だ、〜にはしらけた

遗憾、难过、失望、可惜、扫兴、破坏气氛、缺憾

"遗憾"は日本語の「遺憾」よりも会話でよく用いられ、「残念」くらいの意味です。
"可惜"は、「悔しい」ニュアンスを含む、「残念」の意味です。
"扫兴"は、人や出来事に対して、「しらける、興ざめする、がっかりした」の意味です。

- 残念です。あなたの誕生日パーティーに行けなくなりました。
  很遗憾，你的生日派对我去不了了。

- 彼女が病気で亡くなったと聞いて、本当に残念です。
  我听到她因病离世的消息，感到非常难过。

- 彼の話は私を失望させました。
  他的话太让我失望了。

- 基本的にはいいのですが、一部惜しいところがあるのが、あなた自身は分かりますか？
  大体上很不错，但有的地方有点儿缺憾，你自己知道吗？

- 明日は暴風雨になるので、すべての定期便がキャンセルになり、彼女と会うこともできなくなり、とても残念です。
  因为明天有暴风雨，所有的班机都被取消了，我没法跟她见面，好可惜啊。

- もともと週末に遊びに行こうと思っていたのに、朝起きて、雨音が聞こえてきて、とてもがっかりです。
  我本来想周末出去玩儿，早上起来就听到在下雨，真扫兴。

- パーティーの時になかの一人が全然話をせず、本当にしらけました。
  聚会的时候，有一个人一句话也不说，真破坏气氛。

さっそく、中国語で伝えてみましょう！

1. あなたが来月仕事を辞めて帰国すると聞き、本当にとても残念です。
   （ 听说 ／ 就 ／ 辞职 ／ 真 ／ 太 ）

2. 今回の旅行で最大の残念なことは北京に行った時、北京ダックを食べられなかったことです。
   （ 旅游 ／ 就 ／ 去北京时 ／ 吃到 ／ 北京烤鸭 ）

3. 君は何をやるにしても私を失望させるね。
   （ 做 ／ 什么 ／ 都 ／ 让我 ）

4. もしあなたが参加しなかったら、みんなはとても残念に思うだろう。
   （ 如果 ／ 参加 ／ 会 ／ 觉得 ）

5. 休みの期間に補習があると知って、学生たちは皆がっかりしました。
   （ 得知 ／ 假期 ／ 要 ／ 补课 ／ 同学们 ／ 觉得 ）

解答

1. 我听说你下个月就辞职回国，真是太遗憾了。
2. 我这次旅游最大的遗憾就是去北京时没吃到北京烤鸭。
3. 你做什么都让我失望。
4. 如果你不参加，大家都会觉得很可惜。
5. 得知假期要补课，同学们都觉得很扫兴。

36 〜が怖い、心配だ、怖くない、心配していない

怕、害怕、不安、担心、操心

"害怕""担心"などの心理動詞の後には文をとって、「〜するのが心配だ」を表します。これら心理動詞の前には、程度を表す副詞（"很""有点儿"など）をおくことができます。

- あなたが忘れては心配だから、明日またショートメッセージを送るね。
  我怕你忘了，明天再给你发个短信。

- 私はみんなに嫌われるのを怖れています。
  我怕大家不喜欢我。

- 何度も電話をしたけど彼は出なかったので、心配です。
  打了很多次电话他都没有接，我感到不安。

- 他人のことにやきもきしないで、自分のことをちゃんとしなさい。
  不要操心别人的事，把自己的事情做好。

- 私が誰かを好きになれないのは、失恋するのが怖いからです。
  我之所以不愿意追求别人，是害怕失恋。

- 私は両親と離れて暮らしているので、彼らの生活が少し心配です。
  因为不跟父母住在一起，我有点儿担心他们的生活。

- 旦那が最近忙しくなり出して、少し彼の体が心配です。
  我老公最近忙起来了，有点儿担心他的身体。

- 私は以前何の不安を感じたことがなかったのですが、今や年を取って、心配な事がだんだん増えてきました。
  我以前没担心过什么，现在上了年纪，担心的事越来越多了。

さっそく、中国語で伝えてみましょう！

1. あなたが道に迷うと心配だから、駅まで送ります。
   （ 迷路 ／ 送到 ／ 车站 ／ 吧 ）

2. 私はどんな事も経験したので、今は何も怖くなくなりました。
   （ 什么事 ／ 都 ／ 经历 ／ 现在 ／ 什么 ／ 都 ）

3. 自分の夢が叶わないことがとても怖いです。
   （ 梦 ／ 想 ／ 能 ／ 实现 ）

4. あなたが気分を害したのではないかと心配です。
   （ 是不是 ／ 让 ）

5. 私はしたい仕事を見つけられないのではと少し心配です。
   （ 有点儿 ／ 找不到 ／ 理想的工作 ）

解答

1. 我怕你迷路，把你送到车站吧。
2. 我什么事都经历过，现在什么都不害怕了。
3. 我很害怕自己的梦想不能实现。
4. 我很担心是不是让你不高兴了。
5. 我有点儿担心找不到理想的工作。

37 〜が懐かしい、〜を思い起こす

很想念…
怀念…
回想…
想起(来)…

"想念""怀念"の後には、懐かしむものや事柄がきます。"想念"はより具体的なものや事柄、"怀念"はより抽象的な事柄を目的語にとります。
"回想起来"は、「振り返って思い起こす」ことを表します。
思い起こすものを入れるときは、"想起（思い出したもの）"を用います。

・すでに故郷を離れて長いことたつが、故郷が懐かしい。
  我离开家乡好几年了，很想念家乡。

・突然上海でみんなと一緒に仕事していた日々を懐かしく思いました。
  突然很怀念在上海时跟大家一起工作的日子。

・私は北京を離れて3年になるが、北京のジャージャンメンがとても懐かしい。
  我离开北京已经三年了，非常想念那里的炸酱面。

・とても学生時代が懐かしい。なぜならそれが私の青春だからです。
  我非常怀念学生时代，因为那是我的青春。

・その歌を聞くたびに、中学時代を懐かしく思います。
  每次听到那首歌，我就很怀念初中时代。

・過去のことは流してしまおうよ。今思い出したってやっぱり怖い。
  过去的事情让它过去吧。现在回想起来还是很害怕。

さっそく、中国語で伝えてみましょう！

1. 故郷の両親に会いたい。
   （　家乡　／　父母　）

2. 実家に１年に３回帰っているので、故郷を懐かしいとは思いません。
   （　回家　／　所以　／　觉得　／　家乡　）

3. この本を目にするたびに、幼いころを思い出します。
   （　看到　／　就　／　会　／　童年的日子　）

4. 毎回同窓会になると、かつての自分を思い出します。
   （　同学聚会　／　就　／　会　／　曾经　）

5. その歌を聞くと、私は高校時代の青春を思い出します。
   （　那首歌　／　高中时代　）

Chapter 2 文を作るための道具箱（構文編）

解答

1. 我很想念家乡的父母。
2. 我一年回三次家，所以不觉得想念家乡。
3. 每次看到这本书，我就会想起童年的日子。
4. 每次同学聚会，就会想起曾经的自己。
5. 一听那首歌，我就会想起高中时代。

38 ～した方がよい／しない方がよい、～する価値がある／ない

可以 VO

应该 VO

值得一 V

没有什么可 V 的

"可以"には、「～するといい」という薦める意味の"可以"があります。
"值得 V"で、「V する価値がある」の意味になります。
"没有什么可 V 的"で、「何の V するべきものがない＝V する価値がない」を表します。

・そこの景色はとても美しいので、一度見に行くといいよ。
　那里的风景非常美，你可以去看看。

・軽々しく人の悪口を言わない方がいい。
　你不应该轻易说别人的坏话。

・公共の場所で大きな声で話すべきではない。
　公共场所不应该大声说话。

・その本は私は一読の価値があると思います。
　这本书我觉得值得一看。

・明日からドイツに行くのですが、何か買うといいものはありますか？
　明天去德国，有什么可买的吗？

・そこの品は私は質があまり良くないと思う。買う価値のある物はないです。
　那儿的东西我觉得质量不太好，没有什么值得买的。

・あなたの報告はとても素晴らしかった。私は何も言うことはありません。
　你的报告很精彩，我没有什么可说的。

さっそく、中国語で伝えてみましょう！

1. 言いたいことがあるなら、彼に直接言った方がいいです。
   （ 什么想说的 ／ 直接 ）

2. 軽々しく、あきらめるなんて言うべきではありません。
   （ 轻易 ／ 就 ／ 说 ／ 放弃 ）

3. 建築士になるには、どんなことを学べばいいですか？
   （ 当建筑设计师 ）

4. このゲームはみんな好きなので、遊んでみる価値があります。
   （ 游戏 ）

5. 夜はお酒を飲んだり、本を読んだりする以外は、何もすることがありません。
   （ 除了 ）

解答

1. 你有什么想说的，可以直接跟他说。
2. 你不应该轻易就说放弃。
3. 想当建筑设计师的话，应该学些什么？
4. 这个游戏大家都喜欢，值得一玩儿。
5. 晚上除了喝酒看书以外，我没有什么可做的。

39 〜について言えば、〜の角度から言えば

对于…来说，…
…来说，…、从…来讲，…
从…的角度来看，…
简单地说…

文頭に"对…来说"などがきて、一定の条件を示します。
"总的来说（全体的に言えば）" "一般来说（一般的に言えば）" "简单地说（簡単に言えば）"
のようなバリエーションもあります。

- 私にとっては、中国語のいくつかの発音は難しいです。
  对我来说，中文有的发音很难。

- お年寄りにとって、最も大事なものは健康です。
  对老人来说，最重要的是健康。

- 学生にとっては、休みの期間は最も気楽な時です。
  对学生来说，假期是最轻松的时候。

- 子どもを育てるのは私にとって簡単なことではありません。
  把孩子养大对我来说是很不容易的。

- 年齢から言えば、もう一度仕事を探すのは比較的難しいです。
  从年龄的角度来看，再找工作比较难。

- 全体的に言えば、あなたの言うことに何の問題はありません。
  总的来说，你说的没有什么问题。

- 誰にとっても健康は最も大切なものです。
  对谁来说健康都是最宝贵的。

さっそく、中国語で伝えてみましょう！

1. 私にとって、これは一つのチャレンジだと思います。
   （　挑战　）

2. 子どもにとっては、家庭の安定がとても重要です。
   （　家庭　／　和谐　／　重要　）

3. 弊社の利益から言えば、絶対にこの契約にはサインできません。
   （　公司的利益　／　签　／　合同　）

4. 簡単に言えば、このプランはこのままでは実現できません。
   （　计划　／　如果　／　改变　／　就　／　永远　／　实现　）

5. 一般的に言えば、人は質が良くて安い物を買い求めます。
   （　想　／　买　／　质量　／　便宜的东西　）

解答

1. 对我来说，这是一个挑战。
2. 对孩子来说，家庭的和谐非常重要。
3. 从公司的利益来讲，绝对不能签这个合同。
4. 简单地说，这个计划如果不改变就永远实现不了。
5. 一般来说，人们想买质量又好又便宜的东西。

40 どうして〜なのですか？

怎么…
为什么…

"怎么"には理由を問う「どうして」の"怎么"と方法を尋ねる「どうやって」の"怎么"があります。（いわゆる Why の"怎么"と How の"怎么"）
"怎么"が「どうして」になる場合は、後に否定副詞がくる場合と動詞が状態動詞の場合です。

・あなたはどうして昨日会社に来なかったの？
 你昨天怎么没上班呢？

・このパソコンはどうしてネットにつながらないのですか、ちょっと見てくれませんか？
 这个电脑怎么上不去网呢，你帮我看一下好吗？

・あなたはどうして口をきかなくなったの、不機嫌なの？
 你怎么不说话了，不高兴了吗？

・彼がどうして退学したのか私には分かりません。
 我不知道他为什么退学了。

・どうしてあなたはそんなに勉強ができるの？
 为什么你学得那么好？

・今回のプランはどうしてこんなにスムーズではないんだ？
 这次计划为什么这么不顺利？

・どうしてあなたは彼らの考え方を理解できないのですか？
 为什么你就不能理解他们的想法呢？

さっそく、中国語で伝えてみましょう！

1. このファイルどうして開かないんでしょうか？
   （ 文件 ／ 打不开 ）

2. あの人はどうして毎回つらい方の道を選ぶのか？
   （ 都 ／ 选择 ／ 难走的那条路 ）

3. もう3時になったというのに、どうして彼はまだ来ないの？
   （ 都 ／ 三点 ／ 还不来 ）

4. この世はどうしてこんなに生きにくいのか？
   （ 在这世上 ／ 活着 ／ 就 ／ 这么难 ）

5. 最近どうしてか分からないがいつも眠い。
   （ 总是 ／ 觉得 ／ 困 ）

解答
1. 这个文件怎么／为什么打不开？
2. 那个人为什么每次都选择难走的那条路？
3. 都三点了，他怎么还不来？
4. 在这世上怎么活着就这么难？
5. 最近不知道为什么，总是觉得很困。

[コラム① "了"その①]

"了"の話を少しだけします。"了"は少しずつルールを覚えていくしかありません。まず、文中で"了"が入る場所は2ヵ所です。

了₁：動詞（形容詞）の後にくる、動作の実現を表すアスペクト助詞。動作の実現を表すだけで、時間とは関係がなく、過去、未来のどちらでも使うことができます。

了₂：文末にくる、動作や状況の変化を表す語気助詞。"了₂"は現在と結び付いていることが特徴。特に形容詞、数量詞、名詞の後の文末の"了₂"は変化を表します。

この二つの"了"の初歩的なルールについて簡単に紹介します。

◆ "了₁"を用いる際のルール

動作の実現を示します。目的語となる名詞には**何らかの修飾語**が必要です。

我喝了两杯咖啡。（私はコーヒーを2杯飲んだ）
我昨天看了中国电影。（私は昨日中国映画を見た）
她中午吃了她妈妈做的盒饭。（彼女は昼に母の作った弁当を食べた）

否定は"没"で事実の否定をし、"了"は不要です。これは"了₂"の場合も同様です。

我昨天没看电影。（私は昨日映画を見ていません）
她中午没吃饭。（彼女はお昼は食事をとってません）

基本的に"V了O"で文は終われません（状況語が入ると可能であるという例外はあります）。ですので、次の条件で文が終われます。

1．何らかの修飾語が付いている

旅行回来以后，我给朋友发了几张照片。
（旅行から戻った後、友達に何枚か写真を送った）

2．後続の文が存在する

我今天吃了饭，就去图书馆。（今日は食事をしてから図書館に行く）
我看了报纸，就发现今天是3月11号。
（新聞を見て、今日が3月11日だと気付いた）

3．文末にもう一度"了"を付ける

我吃了饭了。（食事は済ませた）

"V了₁O了₂"は、「食事を済ませた」というより、「食事は済ませている」という相手に「もう作らなくていい」などの意図を伝えるものになります。ただ、食事を済ませたというなら、"VO了"で"我吃饭了。"と言うといいでしょう。（"了₂"については「コラム②"了"その②」参照）

Chapter 3

テーマ別単語・フレーズ集
[語彙・表現編]

[1. 家族・親戚]

姉妹兄弟	兄弟姐妹	xiōng dì jiě mèi
兄／弟	哥哥／弟弟	gēge/jiějie
姉／妹	姐姐／妹妹	jiějie/mèimei
父	爸爸／父亲	bàba/fùqīn
母	妈妈／母亲	māma/mǔqīn
長男・長女	老大	lǎodà
二番目の子／三番目の子	老二／老三	lǎo'èr/lǎosān
末っ子	老小／老幺	lǎoxiǎo/lǎoyāo
父方の祖父／祖母	爷爷／奶奶	yéye/nǎinai
母方の祖父／祖母	老爷／姥姥	lǎoye/lǎolao
一人っ子	独生子女	dúshēng zǐnǚ
子どもができた	有孩子了、有喜了	yǒu háizi le、yǒu xǐ le
夫／妻	丈夫／妻子	zhàngfu/qīzi
似ている	像	xiàng
同い年	同岁	tóngsuì

・私は三人兄弟の真ん中です。
　我在三兄弟里排行第二。

・長男長女は兄弟の中でも損が多い気がする。
　我觉得老大是在兄弟姐妹之间最吃亏的一个。

・一人っ子も一人っ子なりの苦労があるんですよ。
　独生子女也有独生子女的辛苦。

・祖母と祖父と一緒に暮らす利点はまさに家事を手伝ってくれることで、私たちはとても心強い。
　跟爷爷奶奶住在一起的好处就是他们帮我做家务，我们心里很踏实。

・父親に先立たれて、母は女手一つで私を育ててくれました。
　我父亲去世得早，母亲一个人含辛茹苦把我养大。

[2. 中国語学習]

会話	口语	kǒuyǔ
文法	语法	yǔfǎ
発音	发音	fāyīn
読み方	读法	dúfǎ
どう読むか	怎么念[读]	zěnme niàn [dú]
リスニング	听力	tīnglì
ディクテーション	听写	tīngxiě
文章を書く	写作	xiězuò
文を作る	造句	zàojù
講読	精读	jīngdú
朗読する	朗读	lǎngdú
暗唱する	背诵	bèisòng
新出単語	生词	shēngcí
ポイント	重点	zhòngdiǎn
スピーチコンテスト	演讲比赛	yǎnjiǎng bǐsài
聞く、話す、読む、書く	听说读写	tīng shuō dú xiě
発音を直す	纠正发音	jiūzhèng fāyīn
中国語のレベルを向上させる	提高汉语水平	tígāo Hànyǔ shuǐpíng

- 私の会話のレベルはまだまだです。
  我的口语水平还差得远呢。

- この単語はどう読みますか？
  这个词怎么读？

- 最近中国語を話す機会がないので、レベルが相当落ちた。
  最近没有机会说汉语，所以退步了很多。

- 中国語の作文は、話すよりずっと難しい。
  汉语的造句比会话难得多。

- この単語はもう何度も出てきたのに、どうしても覚えられない。
  这个词出现过好几次了，却怎么也记不住。

[3. 学校]

授業を延長する	拖堂	tuōtáng
放課後になる	放学	fàngxué
授業が始まる／授業が終わる	上课／下课	shàngkè/xiàkè
遅刻する	迟到	chídào
休みを願い出る	请假	qǐngjià
復習する／予習する	复习／预习	fùxí/yùxí
授業の勉強をする	功课	gōngkè
ノートをとる	记笔记	jì bǐjì
テキストを読む／声に出して読む	看课文／念课文	kàn kèwén/niàn kèwén
宿題をやる／宿題を出す	写[做]作业／留作业	xiě[zuò] zuòyè/liú zuòyè
レポートを出す	交报告	jiāo bàogào
良い成績をとる	取得好成绩	qǔdé hǎo chéngjì
合格／不合格	及格／不及格	jígé/bù jígé
～点を取る	拿／得／考…分	ná/dé/kǎo...fēn
試験を受ける	考试	kǎoshì
筆記試験／面接試験	笔试／面试	bǐshì/miànshì
就職活動をする	找工作	zhǎo gōngzuò

・復習しなければ、外国語はマスターできない。
不复习，就学不好外语。

・筆記試験がまあうまくいったので、あとは面接だけだ。
我觉得笔试考得还可以，剩下就是面试了。

・あの先生はいつも授業を延長する。
那位老师经常拖堂。

・期末テストで60点以上取らないと不合格だ。
如果期末考试不够60分就不及格。

・3カ月の就職活動を経て、やっと仕事を見つけた。
我找了三个月，才找到工作。

[4. 交通]

徒歩で行く	走路（去） zǒulù（qù）
タクシーを捕まえる	打的、打车 dǎdī、dǎchē
地下鉄［バス］に乗る	坐地铁［公交车］ zuò dìtiě [gōngjiāochē]
列車［飛行機］に乗る	坐火车［飞机］ zuò huǒchē [fēijī]
列に並ぶ	排队 páiduì
待合室	候车室、等候室 hòuchēshì、děnghòushì
乗り換える	换车、倒车 huànchē、dǎochē
トランジットする	转机 zhuǎnjī
キャンセルする	取消 qǔxiāo
チケットを予約する	订票 dìngpiào
検札をする	检票 jiǎnpiào
チャージする	充值 chōngzhí
渋滞する	堵车、塞车 dǔchē、sāichē
自動車学校	驾驶学校 jiàshǐ xuéxiào
運転免許証	驾照、驾驶证 jiàzhào、jiàshǐzhèng
自転車［バイク］に乗る	骑自行车［摩托车］ qí zìxíngchē [mótuōchē]
車を修理する	修车 xiūchē

・今日は渋滞がひどくて、予定が全て狂いました。
 今天堵车堵得很厉害，我的日程安排全乱了。

・飛行機で北京に行くと3時間かかります。
 坐飞机去北京要三个小时。

・フランスに行くのに、上海でトランジットします。
 去法国，在上海转机。

・チケットを予約したばかりなのに、キャンセルしなければいけなくなりました。
 刚订好票，就要取消了。

・終電がなくなってしまったので、歩いて帰るしかない。
 已经没有末班车了，只好走回去。

[5. 仕事・職場]

出勤する／退勤する	上班／下班　shàngbān/xiàbān
残業する	加班　jiābān
電話に出る	接电话　jiē diànhuà
～に電話をまわす	转给…　zhuǎngěi…
内線	分机　fēnjī
FAXを送信する	发传真　fā chuánzhēn
転送する	转发　zhuǎnfā
返信する	回信　huíxìn
デスクワークをする	坐班　zuòbān
出張をする	出差　chūchāi
仕事を辞める	辞掉工作、辞职　cídiào gōngzuò、cízhí
転職する	改行　gǎiháng
会議をする	开会　kāihuì
～時まで会議をする	开到…点　kāidào…diǎn
メールの送受信をする	收发邮件　shōufā yóujiàn
会議資料を作成する	编写会议材料　biānxiě huìyì cáiliào
プレゼンする	展示、报告、发表　zhǎnshì、bàogào、fābiǎo

- 私は通勤に2時間かかる。
  我上下班要两个小时。

- うちの会社は1カ月に24時間までの残業と決められている。
  按我们公司的规定，一个月内的加班时间不能超过二十四个小时。

- 仕事を始めたばかりのころ一番難しいのは電話の対応です。
  刚参加工作的时候，最难的是接电话。

- 3年働いて、仕事を辞めました。
  我工作三年就辞职了。

- 今日の会議は長くて、夜の8時までやっていた。
  今天的会太长，开到晚上八点了。

6. 家事

家事をする	做家务 zuò jiāwù
食材を買う	买菜 mǎicài
食事を作る	做饭 zuòfàn
食器を洗う	洗碗 xǐwǎn
（花に）水をやる	浇花、浇水 jiāohuā、jiāoshuǐ
洗濯する	洗衣服 xǐ yīfu
服を干す	晾衣服 liàng yīfu
服を取り込む	收衣服 shōu yīfu
アイロンをかける	熨衣服 yùn yīfu
子どもの面倒を見る	看孩子 kān háizi
ごみを捨てる	倒垃圾 dào lājī
掃除をする	打扫卫生 dǎsǎo wèishēng
床を拭く	擦地 cādì
清潔を保つ	保持清洁 bǎochí qīngjié
ごみの分類	垃圾分类 lājī fēnlèi
リサイクルごみ	可回收垃圾 kěhuíshōu lājī

- 家事の中でアイロンがけが一番面倒だ。
  家务活儿里熨衣服是最麻烦的。

- うちは、私が料理をやって、旦那が食器洗いをやります。
  我们家是我做饭，我老公洗碗。

- 朝起きて一番にすることは花の水やりです。
  我早上起来第一件事是浇花。

- 妻はいつも買い物をしすぎます。
  我妻子买东西总是买多。

- 私は毎日、仕事帰りにスーパーに寄って買い物します。
  我每天下班后去超市买菜。

[7. 家で]

起きる	起床	qǐchuáng
シャワーを浴びる	洗澡	xǐzǎo
湯船に入る	泡澡	pàozǎo
歯を磨く	刷牙	shuāyá
顔を洗う	洗脸	xǐliǎn
ひげを剃る	刮脸	guāliǎn
トイレに行く	上厕所、去洗手间	shàng cèsuǒ、qù xǐshǒujiān
テレビを見る	看电视	kàn diànshì
ラジオを聴く	听广播	tīng guǎngbō
漫画を読む	看漫画	kàn mànhuà
寝坊をする	睡懒觉	shuì lǎnjiào
昼寝をする	睡午觉	shuì wǔjiào
煙草を吸う	抽烟	chōuyān
徹夜する	熬夜	áoyè
（仕事や勉強で）徹夜する	开夜车	kāi yèchē

・私はご飯を食べ終わると眠くなってしまう。
　我一吃完饭就犯困。

・私はお笑い番組が好きで、毎週必ず見る。
　我喜欢看搞笑节目，每周必看。

・姉はお風呂の時間が長くて、少なくとも１時間はかかっている。
　姐姐洗澡的时间很长，至少要一个小时。

・夜更かしは、お肌に良くない。
　熬夜对皮肤不好。

・私は朝起きられない。
　我早上起不来。

[8. 天候]

雨［雪］が降る	下雨［雪］	xiàyǔ [xuě]
雷が鳴る／稲光がする	打雷／闪电	dǎléi/shǎndiàn
風が吹く	刮风	guāfēng
晴れ	晴天	qíngtiān
曇り	多云	duōyún
晴れのち曇り	晴转多云	qíng zhuǎn duōyún
（雪や氷が）解ける	融化	rónghuà
雨のち晴れ	雨过天晴	yǔ guò tiān qíng
空に虹が現れる	天上出现彩虹	tiānshang chūxiàn cǎihóng
雲	彩云	cǎiyún
星／月	星星／月亮	xīngxing/yuèliang
傘をさす	打雨伞	dǎ yǔsǎn
寒い／暑い／蒸し暑い	冷／热／闷热	lěng/rè/mēnrè

- この3日間ずっと雨が降っている。
  这三天一直在下雨。

- 突然の豪雨に、全身ずぶぬれになった。
  突然下暴雨，全身都淋湿了。

- 天気予報では、午後は雨が降るそうなので、傘を忘れずに。
  天气预报说下午有雨，你别忘了带伞。

- 今日は強い風が吹いて、歩きづらかった。
  今天刮大风，不好走。

- あの時、満天の星を目にして、とってもロマンチックでした。
  那时看到满天的星星，觉得很浪漫。

- 最近は、異常気象が増えていて、体もついていけない。
  最近气候异常情况多发，身体都适应不过来。

9. 美容・健康

髪の毛を切る	剪头发　jiǎn tóufa
化粧する／化粧を取る	化妆／卸妆　huàzhuāng/xièzhuāng
エステをする	做美容　zuò měiróng
パーマ［まつ毛パーマ］をかける	烫发［睫毛］　tàng fà [jiémáo]
髪の毛を乾かす	吹头发　chuī tóufa
まつ毛エクステをする	嫁接睫毛　jiàjiē jiémáo
マッサージをする／指圧する	做按摩／推拿　zuò ànmó/tuīná
足裏マッサージ	足底按摩、足疗　zúdǐ ànmó、zúliáo
カッピングをする	拔罐　báguàn
かっさ（マッサージ）をする	刮痧　guāshā
眉毛を整える	修眉毛　xiū méimao
ケアをする	保养　bǎoyǎng
自分でケアをする	自理　zìlǐ
皮膚	皮肤　pífu
口紅をする	涂口红　tú kǒuhóng
ピーリングをする／シミを取る	去死皮／去色斑　qù sǐpí/qù sèbān
ジョギング	跑步　pǎobù

- 私は毎週マッサージに通っている。
 我每周去做按摩。

- まつ毛エクステをすると目が大きく見える。
 嫁接睫毛的话，眼睛会显得很大。

- 今日はデートなので、ナチュラルな口紅を選んだ。
 今天有约会，我选了颜色自然一些的口红。

- 最近は男の人が眉毛を直したり、化粧をするのが流行っているらしい。
 听说最近流行男人修眉毛、化妆。

- 母はシミ取りの化粧品を買いあさっている。
 我妈买遍了去色斑的化妆品。

10. 体調・医療

気分が悪い	不舒服　bù shūfu
熱が出る	发烧　fāshāo
頭が痛い	头疼　tóuténg
めまいがする	头晕　tóuyūn
下痢をする	拉肚子　lā dùzi
嘔吐をする	呕吐　ǒutù
お腹が痛い	肚子疼　dùzi téng
食欲がない	没有胃口、没有食欲　méiyǒu wèikǒu、méiyǒu shíyù
顔が赤くなった	脸红了　liǎn hóng le
視力が悪い	眼睛不好使　yǎnjing bù hǎoshǐ
入院する／退院する	住院／出院　zhùyuàn/chūyuàn
医者／看護婦	医生、大夫／护士　yīshēng、dàifu/hùshi
インフルエンザ	禽流感　qínliúgǎn
風邪をひく	感冒　gǎnmào
アレルギー	过敏　guòmǐn
点滴をする	输液　shūyè

- 年末に手術をして、年越しも病院にいた。
  年底做了手术，过年也在医院。

- 足を骨折して、1カ月松葉づえをついていた。
  我的腿骨折了，拄了一个月拐杖。

- もう退院したけど、まだ病院にリハビリに行かなければならない。
  已经出院了，但是还得去医院做复健。

- インフルエンザ予防には、手洗い、うがいを励行しなければならない。
  预防流感，要经常洗手和漱口。

- 最近目が悪くなってきたので、そろそろ老眼鏡を買わなければ。
  最近眼睛不好使，该买一副老花镜了。

11. 料理

日本語	中文	ピンイン
卵を焼く	煎鸡蛋	jiān jīdàn
パンを焼く	烤面包	kǎo miànbāo
野菜を炒める	炒蔬菜	chǎo shūcài
米を炊く	煮米饭	zhǔ mǐfàn
ケーキを切る	切蛋糕	qiē dàngāo
みじん切りにする	切成小粒	qiēchéng xiǎolì
ヘタを取る	去蒂	qù dì
箸	筷子	kuàizi
お椀	小碗	xiǎowǎn
カップ、コップ／グラス	杯子／玻璃杯	bēizi/bōlibēi
小皿／皿	碟子／盘子	diézi/pánzi
スプーン／フォーク	勺子／叉子	sháozi/chāzi
包丁／果物ナイフ	菜刀／水果刀	càidāo/shuǐguǒdāo
炊飯器	电饭锅	diànfànguō
水分を拭いて取る	擦干水分	cāgān shuǐfèn
餃子を作る	包饺子	bāo jiǎozi
コーヒーを入れる	沏咖啡	qī kāfēi

・餃子の皮も具も作り、包むまで彼は全てできる。
　从擀皮儿、做馅儿到包饺子，他都会。

・私の母はパンを作るのがうまくて、パン屋さんよりはるかにうまい。
　我母亲做面包做得很好，比面包店做得还好。

・彼は包丁づかいがすごくて、何を切るのも速くて上手だ。
　他刀工很厉害，切什么都切得又快又好。

・彼はカレーを作るのにとてもこだわりがある。
　他做咖喱很有讲究。

・ご飯を冷蔵庫に入れてなかったからどうもお米がすえてしまった。
　我没把米饭放到冰箱里，米饭好像给馊了。

[12. 食事]

味	味道	wèidao
匂い／香り	味儿／香味儿	wèir/xiāngwèir
いい匂いがする	很香	hěn xiāng
酸っぱい／甘い／苦い／辛い／塩辛い	酸／甜／苦／辣／咸	suān/tián/kǔ/là/xián
あっさりしている	清淡	qīngdàn
濃い／濃すぎる	浓／齁	nóng/hōu
サクサクの	脆脆的	cuìcuì de
スイーツ	甜点	tiándiǎn
精進料理	素菜	sùcài
肉を使った料理	荤菜	hūncài
テーブルを予約する	订桌子	dìng zhuōzi
個室を予約する	包间	bāojiān
注文する	点菜	diǎncài
料理を出す	上菜	shàngcài
チェックする、勘定をする	结帐、买单	jiézhàng、mǎidān
おごる	请客、做东	qǐngkè、zuòdōng
ジャンクフード	垃圾食品	lājī shípǐn

- 注文した料理がまだ来てないのですが。
  我们点的菜还没上呢。

- 今日は給料日なのでごちそうしますよ。
  今天发工资了，我请你吃饭。

- ここのてんぷらは、香ばしくて、リクサクしていて、おいしい。
  这里的天妇罗又香又脆，很好吃。

- ここの中国料理屋は中国人が経営しているので、本場の味です。
  这家中餐馆是中国人开的，所以味道很地道。

- この料理は塩気が強すぎて、おいしくない。
  这道菜味道太咸，不好吃。

13. ショッピング

ウインドーショッピングをする	逛商店	guàng shāngdiàn
開店／閉店	开门／关门	kāimén/guānmén
サービスが行き届いている	服务周到	fúwù zhōudào
カードで支払う	刷卡	shuākǎ
ネットショッピング	网上购物［购买］	wǎngshang gòuwù [gòumǎi]
返品する	退货	tuìhuò
割引する	打折	dǎzhé
バーゲン	大甩卖、大减价	dàshuǎimài、dàjiǎnjià
在庫処分	清仓	qīngcāng
価格	价格	jiàgé
商品を注文する	订货	dìnghuò
家電	家电	jiādiàn
スーパー／ショッピングモール	超市／百货商场	chāoshì/bǎihuò shāngchǎng
カート	购物车、推车	gòuwùchē、tuīchē
ブランド	品牌	pǐnpái

・このメーカーはアフターサービスがしっかりしているので、信用できる。
　这个厂家的售后服务很好，有信用。

・この店は配達が無料なので、いつも利用している。
　这个店免费送货上门，所以我每次都找他们。

・会員カードがあると安くなるし、ポイントもたまる。
　有会员卡的话，既有优惠又有积分。

・あの店は、シャツを2枚買うと30％オフになる。
　那家店买两件衬衫可以打7折。

・レシートをなくしてしまったので、もう返品はできません。
　我丢了小票，所以退不了了。

・あのブランドのカバンは、中国人に人気があって、いつも品薄である。
　那个名牌包，很受中国人的欢迎，常常没有货。

14. 商品の形容

かっこいい／きれい	好看／漂亮　hǎokàn/piàoliang
かわいい	可爱　kě'ài
クールだ	酷　kù
あなたに似合ってる	适合你　shìhé nǐ
ぴったりだ	合身　héshēn
派手／地味	鲜艳／朴素　xiānyàn/pǔsù
オシャレ	时髦　shímáo
豪華	豪华　háohuá
高級	高档次　gāodàngcì
変	奇怪　qíguài
触って［着てみて］心地よい	摸［穿］着很舒服　mō [chuān] zhe hěn shūfu
質が良い［悪い］	质量好［差］　zhìliàng hǎo [chà]
いい感じ	感觉不错　gǎnjué búcuò
安い／高い	便宜／贵　piányi/guì
大きい／小さい	大／小　dà/xiǎo
だぶだぶだ／きつい	肥／瘦　féi/shòu
質を重んじる、こだわる	讲究质量　jiǎngjiū zhìliàng

- この服は着てみるとやせて見えるので、ほかの色も欲しい。
  这件衣服穿着显得很瘦，其他颜色的我也都想要。

- 私は派手な服ではなく、シンプルな服が好きです。
  我喜欢的不是花哨的衣服，而是简洁的。

- 高い服が長持ちするとは限りません。
  贵的衣服不一定耐穿。

- この服は触り心地がいいので、着ていても気分がいいです。
  这件衣服摸着舒服，穿着也舒服。

- 彼はファッションにこだわっていて、いつもかっこいい。
  他很讲究穿着，总是穿得很好看。

15. ファッション

スカート／ズボン	裙子／裤子	qúnzi/kùzi
ワンピース	连衣裙	liányīqún
ミニスカート	迷你裙	mínǐqún
レギンス	打底裤	dǎdǐkù
ジーンズ	牛仔裤	niúzǎikù
ジャケット	杰克	jiékè
帽子	帽子	màozi
コート	大衣	dàyī
カバン	书包	shūbāo
リュック	背包	bēibāo
ハンドバッグ	手提包	shǒutíbāo
腕時計	手表	shǒubiǎo
男性もの／女性もの	男款／女款	nánkuǎn/nǔkuǎn
春物	春款	chūnkuǎn
服のコーディネート	衣服搭配	yīfu dāpèi
ダウンコート	羽绒服	yǔróngfú
サンダル	凉鞋	liángxié

- このネクタイはとてもあなたに似合いますよ。
  这条领带很适合你。

- 白いブラウスは、どの服にも合わせられるので必携だ。
  白衬衫跟什么衣服都很好搭，是必有的。

- 妻はカバンが好きで、家の中がカバンばかりで、頭が痛いです。
  我妻子很喜欢买包，家里净是包，我头疼。

- また靴下に穴が開いたので、新しいのをもう一つ買いましょう。
  袜子又破了一个洞，再买一双吧。

- このメーカーのスニーカーは、歩きやすいし、疲れないので、私は何足も持っている。
  这个品牌的运动鞋走起来舒服不累，所以我有好几双。

[16. 映画・芝居・コンサート]

劇場に行く	去剧院　qù jùyuàn
映画館	电影院　diànyǐngyuàn
映画を見る	看电影　kàn diànyǐng
芝居	话剧　huàjù
映画祭	电影节　diànyǐngjié
座席番号通りに座る	对号入座　duì hào rù zuò
もう一曲歌って（アンコール）	再唱一个　zài chàng yí ge
カーテンコール	谢幕　xièmù
カンフー映画	功夫片　gōngfupiàn
アニメ映画	动画片　dònghuàpiàn
俳優／女優	演员／女演员　yǎnyuán/nǚyǎnyuán
歌手	歌手　gēshǒu
ファン	粉丝　fěnsī
生放送	现场直播　xiànchǎng zhíbō
再放送	重播　chóngbō

・昨日大好きなバンドのライブに行きました。
　昨天我去了一个演唱会，是我非常喜欢的乐团。

・映画はネットで事前に予約した方が比較的安いです。
　看电影提前在网上订票比较便宜。

・今上映されているホラー映画がとても人気があるそうだ。
　听说正在上映的恐怖片非常火。

・中国で見たそのトークショーを今でも覚えている。
　我现在还记得在中国看的那个脱口秀。

・昨日のミュージカルは、カーテンコールが3回あった。
　昨天看的音乐剧谢了三次幕。

[17. 美術館・博物館・図書館]

絵画展を見る	看画展	kàn huàzhǎn
博物館	博物馆	bówùguǎn
展覧館、展示場	展览馆	zhǎnlǎnguǎn
水族館	海洋馆	hǎiyángguǎn
動物園	动物园	dòngwùyuán
遊園地	游乐园	yóulèyuán
ディズニーランド［リゾート］	迪士尼乐园［度假区］	díshìní lèyuán [dùjiàqū]
チケット	门票	ménpiào
共通チケット	通票	tōngpiào
年間パスポート	年票	niánpiào
寺院を見に行く	去看寺庙	qù kàn sìmiào
城	城堡	chéngbǎo
本を借りる	借书	jièshū
本を返す	还书	huánshū

・図書館では10冊までしか借りられない。
 图书馆只能借10本书。

・図書館で借りた本は2週間以内に返さなければならない。
 在图书馆借的书要在两周之内还。

・美術館は夜8時まで開館している。
 美术馆开到晚上八点。

・日本にはいろんな博物館があるので、一つ一つ見てみるといいでしょう。
 日本有各种各样的博物馆，可以一个一个地看。

・水族館のチケットは、ちょっと高い。
 海洋馆的票有点儿贵。

[18. 外出・旅行]

遊びに出掛ける	出去玩儿　chūqu wánr
旅行する	旅游　lǚyóu
釣りをする	钓鱼　diàoyú
散歩する	散步　sànbù
登山をする	爬山　páshān
スキューバダイビングをする	潜水　qiánshuǐ
ドライブをする	兜风　dōufēng
車に酔う	晕车　yūnchē
海／海辺	大海／海边　dàhǎi/hǎibiān
キャンプ	夏令营　xiàlìngyíng
世界一周旅行	环球旅游　huánqiú lǚyóu
個人旅行	自助游　zìzhùyóu
ツアーに参加する	参加旅游团　cānjiā lǚyóutuán
ツアーで〜に行く	跟团去…　gēntuán qù…
ガイド	导游　dǎoyóu

・私はストレスがたまると、ドライブに出掛けて、発散します。
　我感到压力很大的时候，就去兜风散散心。

・いつか地球一周してみたい。
　我希望什么时候能去一次环球旅行。

・彼の趣味は城めぐりである。
　他喜欢游览城堡。

・私は車酔いしやすいです。
　我很容易晕车。

・この週末に時間があれば、遊びに出掛けませんか？
　这个周末如果有时间，我们一起出去玩儿怎么样？

【 19. 遊び・デート 】

麻雀をする	打麻将　dǎ májiàng
ビリヤードをする	打台球　dǎ táiqiú
ゲームをする	玩儿电子游戏　wánr diànziyóuxì
カラオケをする	唱卡拉OK　chàng kǎlāOK
歌を入れる（リクエストする）	点歌　diǎngē
歌を歌う	唱歌　chànggē
音痴	五音不全　wǔyīn bù quán
ボーリングをする	打保龄球　dǎ bǎolíngqiú
トランプをする	打扑克　dǎ pūkè
カードを混ぜる	洗牌　xǐpái
囲碁をする	下围棋　xià wéiqí
会食をする、飲み会をする	聚会　jùhuì
デートをする、会う約束をする	约会　yuēhuì
晩御飯を食べる	吃晚饭　chī wǎnfàn
花火を見る	看烟花　kàn yānhuā

・私は音痴ですが、やっぱりカラオケが好きです。
　虽然我五音不全，但是还是喜欢唱卡拉OK。

・今日は仕事のあと、飲み会があるが、仕事が終わらない。
　今天下班后有聚会，可是我的活儿完不了。

・今日は、女の子とディナーに行くんだ。その彼女のことを少し気になっている。
　今天我跟一个女孩子吃晚饭，我对她有点意思。

・夏休みに友達と花火を見に行ったが、途中ではぐれてしまった。
　暑假跟朋友一起去看烟花，但路上走散了。

・私たちのデートは普通はお家でゲームだ。
　我们的约会一般是在家里玩儿电子游戏。

20. スポーツ・スポーツ観戦

バドミントン［テニス］をする	打羽毛球［网球］ dǎ yǔmáoqiú [wǎngqiú]
卓球をする	打乒乓球 dǎ pīngpāngqiú
バスケットボール［バレー］をする	打篮球［排球］ dǎ lánqiú [páiqiú]
ラグビーをする	打橄榄球 dǎ gǎnlǎnqiú
ソフトボールをする	打垒球 dǎ lěiqiú
サッカーをする	踢足球 tī zúqiú
スケートをする／スキーをする	滑冰／滑雪 huábīng/huáxuě
フィギュアスケート	花样滑冰 huāyàng huábīng
勝つ／負ける	赢／输 yíng/shū
サポーター	啦啦队 lālāduì
ナイスプレー／素晴らしい（プレー）	好球／精彩 hǎoqiú/jīngcǎi
審判	裁判员 cáipànyuán
1［2、3］位を取る	得冠［亚、季］军 dé guān [yà, jì] jūn

- 私のゴルフのコーチは上司だが、上司はゴルフになると厳しくなるので、やっかいだ。
  我的高尔夫球教练是公司的上司，教高尔夫球的时候上司会突然变得很严厉，真麻烦。

- 私は会社のサッカーチームに入っていて、普通週末はほかの会社のサッカーチームと試合をしている。
  我加入了公司里的足球队，一般周末跟其他公司的足球队比赛。

- あのアスリートは最近引退したが、引退後も後進の指導を熱心にしている。
  那个运动员最近退役了，但是退役后还在热心指导年轻一代。

- 私は野球はやらないが、野球の試合を見るのがとても好きです。
  我虽然不打棒球，但喜欢看棒球比赛。

- 昨日のサッカーの試合は、引き分けだった。
  昨天的足球比赛打平了。

[21. 習い事・趣味]

好きなこと	爱好　àihào
〜に興味がある	对…感兴趣　duì...gǎn xìngqù
ピアノを弾く	弹钢琴　tán gāngqín
ギターを弾く	弹吉他　tán jítā
書道	书法　shūfǎ
お菓子を作る	做点心　zuò diǎnxīn
絵を描く	画画儿　huà huàr
二胡を弾く	拉二胡　lā èrhú
韓国ドラマ［ドラマ］を見る	看韩剧［电视连续剧］　kàn hánjù [diànshì liánxùjù]
水泳をする	游泳　yóuyǒng
ストリートダンスをする	跳街舞　tiào jiēwǔ
社交ダンスをする	跳交谊舞　tiào jiāoyìwǔ
バレエをする	跳芭蕾舞　tiào bālěiwǔ
マジックをする	做魔术　zuò móshù
花を育てる	养花　yǎnghuā

- 私は花を育てるのが好きで、家の庭で季節の花を育てている。
  我喜欢养花，我家院子里种着各个季节的花草。

- スポーツジムに週に３回通っているが、続けるのが大変だ。
  我每周去三次健身房，但是一直坚持下去很难。

- 私は毎週日曜にパン教室に通っている。
  我每周日上烤面包的课。

- 健康が気になりだして、最近ヨガに通い始めた。
  最近开始关注健康了，所以开始练瑜伽了。

- 毎日ジョギングを続けていて、いつかフルマラソンに参加して、完走したい。
  我每天坚持跑步，希望有一天能参加马拉松比赛并跑完全程。

[22. ペット]

日本語	中国語	ピンイン
ペット	宠物	chǒngwù
猫を飼う	养猫	yǎngmāo
犬の散歩をする	遛狗	liùgǒu
犬小屋	狗窝	gǒuwō
２匹のウサギを飼っている	养了两只兔子	yǎngle liǎng zhī tùzi
ペット墓地	宠物墓地	chǒngwù mùdì
猫ちゃん	猫咪	māomī
猫の餌［犬の餌］をやる	喂猫粮［狗粮］	wèi māoliáng [gǒuliáng]
鳴かない	不爱叫	bú ài jiào
簡単になつく	易训	yìxùn
血統証付きの猫	纯种猫	chúnzhǒngmāo
雑種の猫	杂种猫	zázhǒngmāo
猫の爪とぎ板	猫抓板	māozhuābǎn
猫［犬］の飼い主	猫［狗］主	māo [gǒu] zhǔ

・最近猫を飼い始めました。
　我最近开始养猫了。

・毎日朝と夕方に犬の散歩をします。
　每天早上和晚上都遛狗。

・日本ではウサギを飼うことは珍しくもありません。
　在日本养兔子并不稀奇。

・犬を飼って２年になるが、全く私になつかない。
　我养狗养了两年了，可它还是和我不亲。

・ペットを飼う以上、最後まで責任を持つべきである。
　既然养了宠物，就要对它负责一辈子。

・彼はよく野良猫を引き取って飼う、思いやりのある人です。
　他经常收养流浪猫，是个有爱心的人。

Chapter 3　テーマ別単語・フレーズ集（語彙・表現編）

23. 携帯電話・PC・インターネット

ノートパソコン	笔记本电脑　bǐjìběn diànnǎo
携帯番号	手机号　shǒujīhào
マウス	鼠标　shǔbiāo
キーボード	键盘　jiànpán
スイッチ	开关　kāiguān
（電話を）かける	拨打　bōdǎ
パスワードを入力する	按密码、输入密码　àn mìmǎ/shūrù mìmǎ
しばらくしたらまた電話する	过一会儿再打　guò yíhuìr zài dǎ
〜の携帯にかける	打…的手机　dǎ...de shǒujī
ショートメッセージ［微信］を送信する	发短信［微信］　fā duǎnxìn [wēixìn]
充電する	充电　chōngdiàn
モバイルバッテリー	充电宝　chōngdiànbǎo
ダウンロードする	下载　xiàzài
ID	帐号　zhànghào
ブログ	博客　bókè
フリーズする	死机　sǐjī

・東京に着いたら、携帯に電話しますね。
　我到东京打你的手机。

・乗り物の中で、みんなスマホを見ていて、これは本当に不思議な光景だ。
　在车上，所有人都在看智能手机的屏幕，这真是一个神奇的现象。

・プリンタのインクがなくなったので、買いに行かなきゃ。
　打印机没墨水了，该去买了。

・（電話を）かけ間違えました、すみません。
　打错了，不好意思。

・もうすぐ充電が切れるので、いったん切りますね。
　快没电了，我先挂了。

24. 銀行・郵便局

お金を下ろす	取钱、取款	qǔqián、qǔkuǎn
お金を貯金する	存钱、存款	cúnqián、cúnkuǎn
通帳	存折	cúnzhé
手紙を出す	寄信	jìxìn
小包を出す	寄包裹	jì bāoguǒ
速達	快递	kuàidì
送金する	寄钱	jìqián
はがき	明信片	míngxìnpiàn
封筒	信封	xìnfēng
ポスト	信箱	xìnxiāng
切手	邮票	yóupiào
郵便番号	邮政编码	yóuzhèng biānmǎ
クレジットカード	信用卡	xìnyòngkǎ
両替する	换钱	huànqián
～円を両替する（細かくする）	把…破开	bǎ…pòkāi
口座番号	账号	zhànghào
手数料	手续费	shǒuxùfèi

- 私は母に小包を送った。
  我给母亲寄了一个包裹。

- 私は友達に手紙を出す時、必ず記念切手を貼ります。
  我给朋友寄信的时候，一定会贴纪念邮票。

- 財布の中がいくらもなくなったので、銀行にお金を少し下ろしに行った。
  钱包里没有多少钱了，就去银行取了一些。

- 私は月に3万円ずつ、貯金しています。
  我每个月存三万日元。

- 外食する時、支払いは必ずカードです。
  我在外面吃饭的时候都是刷卡。

【 25. ニュース・事件 】

テロ分子	恐怖分子	kǒngbù fenzi
テロ事件	恐怖事件	kǒngbù shìjiàn
津波	海啸	hǎixiào
震度	震级	zhènjí
火災	火灾	huǒzāi
黄砂	沙尘暴	shāchénbào
被災者／被災地	灾民／灾区	zāimín/zāiqū
殺人事件	杀人案	shārén'àn
加害者／被害者	加害者/受害者	jiāhàizhě/shòuhàizhě
容疑者	犯罪嫌疑人	fànzuì xiányírén
セクハラ	性骚扰	xìngsāorǎo
家庭内暴力、DV	家庭暴力	jiātíng bàolì
起訴する	起诉	qǐsù
刑務所に入る	坐牢	zuòláo
刑務所	监狱	jiānyù
裁判	审判	shěnpàn
事件解決のために動く	破案	pò'àn

・日本では小学生のころから避難訓練があります。
在日本从小学就有防灾演习。

・去年あった殺人事件はいまだ解決していない。
去年发生的杀人案还没破案。

・先の地震の被災者へのケアは行き届いていない。
上次地震灾民的援助还没到位。

・この間の事件は、懲役1年6カ月、執行猶予3年で結審した。
上次那个案件，被判了有期徒刑一年半，缓期三年执行。

・先の地震で津波の方が地震より怖いことを知らされた。
上次地震让我们知道了海啸比地震还要可怕。

26. 友達・恋愛・結婚

日本語	中国語	ピンイン
恋愛する	谈恋爱	tán liàn'ài
両思い	相爱	xiāng'ài
別れた	分手了	fēnshǒu le
友達を作る	交朋友	jiāo péngyǒu
友達とおしゃべりする	跟朋友聊天儿	gēn péngyou liáotiānr
一目ぼれをする	一见钟情	yí jiàn zhōng qíng
片思いをする	单相思	dānxiāngsī
（男女の）幼なじみ	青梅竹马	qīngméi zhúmǎ
彼［彼女］と会いたくない	不想见他［她］	bù xiǎng jiàn tā [tā]
彼に気がある	对他有感情	duì tā yǒu gǎnqíng
彼と結婚［離婚］する	跟他结婚［离婚］	gēn tā jiéhūn [líhūn]
独身／シングル	独身／单身	dúshēn/dānshēn
不倫している	有外遇	yǒu wàiyù
リッチな独身男性	钻石王老五	zuànshí wánglǎowǔ

- 彼らは大学の時に知り合い、卒業後そのまま結婚した。
  他们是大学的时候认识，毕业后结的婚。

- 私と彼女はネットで知り合って、そのままずっと友達です。
  我和她在网上认识，之后一直都是朋友。

- 彼はもう2度結婚したことがあるが、今度の結婚で最後にしたいと思っている。
  他已经结过两次婚了，希望这次是最后一次。

- 私たちは8年付き合いましたが、価値観が合わず、やはり別れてしまいました。
  我们谈了八年，但因为价值观的不同还是分手了。

- 同棲の経験なくいきなり結婚するのは、少し心配だ。
  没有同居的经验就结婚，我有点儿担心。

27. 人生のイベント

生まれる	出生　chūshēng
幼稚園	幼儿园　yòu'éryuán
託児所	托儿所　tuō'érsuǒ
中学に入った	上初中了　shàng chūzhōng le
大学を卒業した	大学毕业了　dàxué bìyè le
お見合いをする	相亲　xiāngqīn
結婚式をする	举行婚礼　jǔxíng hūnlǐ
結婚式[葬儀]に出席する	参加婚礼[葬礼]　cānjiā hūnlǐ [zànglǐ]
新婦[新郎]の付き添い人	伴娘[郎]　bànniáng [láng]
結婚記念日	结婚纪念日　jiéhūn jìniànrì
ハネムーンを過ごす	渡蜜月　dù mìyuè
子どもを産む	生孩子　shēng háizi
出産後に休養すること	坐月子　zuò yuèzi
子どもを学校にやる	让孩子上学　ràng háizi shàngxué
引っ越しをする	搬家　bānjiā
定年退職する	退休　tuìxiū
年金	养老金　yǎnglǎojīn

- 子どものころに、私は5回引っ越しをしたことがある。
  小时候我家搬过五次。

- 私たちは質素な結婚式を望んでいる。
  我们希望婚礼简朴一些。

- ハネムーンはヨーロッパに行きたい。
  想去欧洲度蜜月。

- 子どもの幼稚園の送り迎えは行ける人が行っている。
  接送孩子去幼儿园，我们家是谁能去谁去。

- 今は年金だけでは暮らせない。
  现在只靠养老金生活不了。

28. 年中行事（1月～6月）

元旦	元旦　yuándàn
お年玉／ご祝儀	压岁钱／红包　yāsuìqián/hóngbāo
新年のあいさつをする	拜年　bàinián
年越し前に食べる料理	年夜饭　niányèfàn
旧正月	春节　chūnjié
旧正月のUターンラッシュ	春运　chūnyùn
元宵節（旧正月の2週間後）	元宵节　yuánxiāojié
具の入った白玉団子を食べる	吃元宵［汤圆］　chī yuánxiāo [tāngyuán]
バレンタインデー	情人节　qíngrénjié
国際婦人デー（3月8日）	妇女节　fùnǚjié
ホワイトデー	白色情人节　báisè qíngrénjié
エイプリルフール	愚人节　yúrénjié
ゴールデンウイーク	黄金周　huángjīnzhōu
旧暦の端午の節句	端午节　duānwǔjié
こどもの日	儿童节　értóngjié
父［母］の日	父［母］亲节　fù[mǔ]qīnjié

- 日本のバレンタインデーは女性から好きな男性にチョコレートをあげる習慣があります。
  日本情人节，有女性给喜欢的男性送巧克力的习惯。

- もうすぐお正月なのでお年玉が楽しみです。
  快要过年了，我盼望着大家给我压岁钱。

- 今度のゴールデンウイークにどこかへ遊びに行こうか？
  这次的黄金周我们去哪儿玩儿好吗？

- あなたは今年はどこで年越ししますか？
  你今年在哪儿过年？

- 今度の父の日は実家に帰って、父と一緒に過ごすつもりです。
  这次父亲节我回家跟父亲一起过。

29. 年中行事（7月～12月）

夏休み［冬休み］になる	放暑假［寒假］	fàng shǔjià [hánjià]
七夕	七夕	qīxī
中秋節	中秋节	zhōngqiūjié
月餅	月饼	yuèbǐng
教師の日（9月10日）	教师节	jiàoshījié
敬老の日	敬老节	jìnglǎojié
国慶節（10月1日）	国庆节	guóqìngjié
ハロウィン	万圣节	wànshèngjié
クリスマスイブ	平安夜	píng'ānyè
クリスマス	圣诞节	shèngdànjié
サンタクロース	圣诞老人	shèngdàn lǎorén
大晦日	除夕	chúxī
年賀状を書く	写贺年卡	xiě hèniánkǎ
～節おめでとう	…节快乐！	...jiékuàilè！

・もうすぐ夏休みなので、私たちみんなで夏休みの計画を立てます。
　快到暑假了，我们大家一起计划暑假的日程安排。

・夏休みは、富士山に登って、ご来光を望みたい。
　我想暑假去爬富士山，从山上看日出。

・来週クリスマスパーティーを開くので、みなさんも参加してください。
　下周举办圣诞派对，欢迎大家参加。

・年末に投函した年賀状は、郵便局がみな1月1日に届けます。
　年底寄出去的贺年卡，邮局都是元旦第一天一起发送。

・日本では年越しの時にそばを食べる習慣があります。
　日本过年时有吃荞麦面的习惯。

30. 日本について

畳	榻榻米	tàtàmǐ
桜が満開になった	樱花开满了	yīnghuā kāimǎn le
おにぎり	饭团	fàntuán
寿司	寿司	shòusī
てんぷら	天妇罗	tiānfùluó
刺身	生鱼片、刺身	shēngyúpiàn、cìshēn
日本食レストラン	日式餐厅	rìshì cāntīng
アイドル	偶像	ǒuxiàng
アニメ／漫画	动漫／漫画	dòngmàn/mànhuà
味噌汁	酱汤、味噌汤	jiàngtāng、wèicēngtāng
華道／茶道	花道／日本茶道	huādào/rìběn chádào
剣道／柔道	剑道／柔道	jiàndào/róudào
コンビニ	便利店	biànlìdiàn
弁当	盒饭、便当	héfàn、biàndāng
日本酒	清酒	qīngjiǔ
食文化	饮食文化	yǐnshí wénhuà
ことわざ	谚语	yànyǔ

- あなたは日本のどんなアニメが好きですか？
  你喜欢看日本的什么动画？

- 今桜が満開です。桜の時期に日本に一度来てください。
  现在是樱花盛开的季节，希望你能这个季节来日本。

- 今日本にはアイドルグループがどこにでもいて、誰でもアイドルになれそうな気がします。
  现在日本偶像组合遍地都是，好像谁都可以当偶像。

- 日本料理は味があっさりしていて、体にいい。
  日本菜味道很清淡，对身体很好。

- 日本人は基本的に冷たいお弁当を食べるのに慣れています。
  日本人一般都吃得惯凉的盒饭。

[コラム② "了"その②]

◆"了₂"を用いる際のルール

変化や変化に気付くというのが、"了₂"の特徴です。例えば、

香山的叶子红了。（香山の葉が赤くなった）
七点半了。（7時半になった）
我母亲八十岁了。（私の母は 80 になった）
他不是张苗苗的男朋友了。（彼は張苗苗さんの彼氏ではなくなった）
张小姐喜欢上他了。（張さんは彼のことが好きになった）
我们都看得懂中文报了。（私たちはみな中国語の新聞を読んで分かるようになった）

数、時間、回数など量詞を伴う文は"了₂"だけでは使えません。

× **昨天我看一部电影了。**
× **昨天我看一小时电视了。**
× **上星期我看一次京剧了。**

◆二つの"了"を使うとき（どれだけ〜したことになる。）

{ **我汉语学了两年。**（中国語を 2 年間学んでいた：今は学んでない）
{ **我汉语学了两年了。**（中国語を学んで 2 年になる）
{ **我在上海住了两年。**（2 年間上海に住んでいた：今はいない）
{ **我在上海住了两年了。**（上海に住んで 2 年になる）

これらの訳し分けができるかが、"了"を理解できているかどうかを知る一つの指標になります。

前者は過去において、そんな時期があったという表現です。後者は、現在とつながっていて、その状態になって、行為を始めて、どれくらいになるという発話時の状況を示します。後者は、あくまで発話時の状況を言っており、この後、継続されるかどうかは、この文から読み取れるものではありません。

◆覚えておきたい"了"を用いた常用フレーズ

已经…了（すでに〜した）：**已经去中国了。**（すでに中国へ行った）
快要…了／快…了／就要…了／就…了（まもなく〜だ）：**快要到北京了。**（もうすぐ北京に着く）
该…了（〜しなきゃ、〜するころ合いだ）：**该回家了。**（家に帰らなきゃ）※ほかにも「助動詞…"了"」の形で、変化を示します。
别…了（もう〜するな／〜するな）：**别喝了。**（もう飲まないで／飲まないで）
不…了（〜しないことにした）：**我不去了。**（行かないことにした）

Chapter 4
文章を作ってみよう
［ドリル編］

1. 自己紹介

STEP 1

まずは簡単な文を作ってみましょう。

1　私は金沢で生まれました。

2　来たばかりの時は、慣れないことがたくさんありました。

3　たくさんの友達ができました。

4　私はとある会社に勤めています。

5　毎日忙しいです。

解答欄

1.

2.

3.

4.

5.

ヒント

金沢　金澤
〜で生まれる　在…出生
〜したばかり　剛
〜の時　…的时候
慣れない　不习惯
(慣れないことが) たくさん　很多地方
友達ができる　交朋友
とある会社　一个公司

Chapter 4 文章を作ってみよう（ドリル編）

1. 自己紹介　STEP 1　解答例

1　我在金泽出生。
2　刚来的时候，有很多地方不习惯。
3　我交了很多朋友。
4　我在一个公司工作。
5　每天都很忙。

短文をふくらませてみましょう。

1　私は金沢で生まれ、東京で育ちました。

2　東京に来たばかりの時は、慣れないことがたくさんありました。

3　すぐにたくさんの友達ができました。

4　私はとあるソフト会社に勤めていて、今年から主任になりました。

5　毎日忙しいですが、とても充実しています。

解答欄

1

2

3

4

5

ヒント

～で育つ　　在…长大
東京に来た　　到东京
すぐに　　马上就
ソフト会社　　软件公司
主任になる　　当主任
～ですが　　但是
充実している　　充实
過ごす　　过

1. 自己紹介　STEP2　解答例

1. 我在金泽出生，在东京长大。
2. 刚到东京的时候，有很多地方不习惯。
3. 马上就交了很多朋友。
4. 我在一个软件公司工作，今年开始当主任了。
5. 每天都很忙，但是过得非常充实。

文をつなげて1つにしてみましょう。

　こんにちは！　私は佐々木萌といいます。私は金沢で生まれ、東京で育ちました。10歳の時に我が家が東京に引っ越してきて、もう15年がたちました。東京に来たばかりの時は、多くのことに慣れなかったのですが、半年もしないうちに慣れてしまいました。その上、私の性格は明るい方なので、すぐにたくさんの友達ができました。その頃の友人は今日本各地にいますが、ずっと連絡を取り合っています。

　私は今とあるソフト会社で働いていて、今年から主任になりました。毎日忙しいですが、とても楽しく充実しています。私には彼氏がいて、来年結婚するつもりですが、結婚しても仕事は続けたいです。

解答欄

ヒント

我が家	我家	楽しく充実している	既开心又充实
東京に引っ越す	搬到东京	彼氏	男朋友
もう	到現在	来年	明年
半年もしないうちに	不到半年	結婚する	結婚
その上	加上	～しても	…以后
明るい方	比較開朗	仕事を続ける	継续工作
その頃	那時候	～したい	想
連絡を取り合う	保持联系		

STEP3 解答例は 202 ページ

Chapter 4 文章を作ってみよう（ドリル編）

2. 家族

STEP 1

まずは簡単な文を作ってみましょう。

1. 私の家は4人家族です。
2. 私たち家族の仲はとても良いです。
3. 母は以前仕事をしていましたが、今はもう辞めました。
4. 両親は楽器ができません。
5. 私たちは一緒に音楽を聞きます。

解答欄

1

2

3

4

5

ヒント

～人家族　…口人
家族　家里人
仲　关系
とても、非常に　非常
良い　好
（仕事を）辞める　辞掉
～ができない　不会…
楽器　乐器
音楽を聞く　听音乐

Chapter 4 文章を作ってみよう（ドリル編）

2. 家族　STEP1　解答例

1. 我家有四口人。
2. 我们家里人的关系非常好。
3. 我妈妈以前工作，现在已经辞掉了。
4. 爸爸妈妈不会乐器。
5. 我们一起听音乐。

短文をふくらませてみましょう。

1. 私の家は4人家族で、父と母と弟と私です。

2. 私たち家族の仲はとても良く、互いに何でも話します。

3. 母は以前仕事をしていましたが、妊娠を機に辞めて、主婦になりました。

4. 両親は楽器ができませんが、クラシックが好きです。

5. 私たちは一緒にコンサートを聴きに行きます。

解答欄

1

2

3

4

5

Chapter 4 文章を作ってみよう（ドリル編）

ヒント

互いに　互相之间
何でも〜する　什么都…
妊娠　怀孕
主婦になる　当家庭主妇
〜（できません）が　不过
クラシック　古典音乐
好き　喜欢
コンサートを聴きに行く　去听音乐会

2. 家族　STEP 2　解答例

1　我家有四口人，爸爸、妈妈、弟弟和我。
2　我们家里人的关系非常好，互相之间什么都说。
3　我妈妈以前工作，但是怀孕以后就辞掉了，当了家庭主妇。
4　爸爸妈妈不会乐器，不过喜欢古典音乐。
5　我们一起去听音乐会。

文をつなげて１つにしてみましょう。

　私の家は４人家族で、父と母と弟と私で、それから２匹の猫がいます。私たち家族の仲はとても良く、互いに何でも話します。その上、私たちが毎回ひとたび話し出すと本当に終わりません。父は出版社に勤めています。母は以前仕事をしていましたが、妊娠を機に辞めて、主婦になりました。弟は大学４年生で、就職活動中です。

　私たちの家は音楽好きの一家と言え、私は３歳からピアノを始め、弟はフルートができます。両親は楽器ができませんが、ずっとクラシックが好きです。みんなが時間のある時、私たちは一緒にコンサートを聴きに行きます。

解答欄

Chapter 4 文章を作ってみよう（ドリル編）

ヒント

その上　　而且
ひとたび〜すると…だ　一…就…
話し出す　　说起来
本当に　　真的
終わらない　　没完没了
出版社　　出版社
就職活動中　　在找工作
〜と言える　　可以说是…

音楽好きの一家　　一个喜欢音乐的家庭
ピアノを弾く　　弹钢琴
フルートを吹く　　吹长笛
ずっと　　一直
みんな　　大家
時間がある時　　有时间的时候

STEP3 解答例は 202 ページ

153

3. 大学生活

STEP 1

まずは簡単な文を作ってみましょう。

1　私は今経済学部で勉強しています。

2　この専門分野は学べば学ぶほど難しいです。

3　大学生活は大変です。

4　音楽をしている時、どんなつらいことも全て忘れます。

5　やりたいことは全てやりました。

解答欄

1.

2.

3.

4.

5.

ヒント

経済学部　　经济系
この専門分野　　这门专业
学ぶ　　学
〜すればするほど…だ　　越…越…
難しい　　难
(やることがたくさんあって) 大変だ　　很紧张
音楽をする　　做音乐
つらいこと　　烦恼
忘れる　　忘了

3. 大学生活　STEP 1　解答例

1. 我现在在经济系学习。
2. 这门专业越学越难。
3. 大学生活很紧张。
4. 做音乐的时候，什么烦恼都忘了。
5. 想做的都做了。

短文をふくらませてみましょう。

1. 私は今経済学部で勉強していて、専攻は交通経済学です。
2. この専門分野は、見たところ簡単そうですが、学べば学ぶほど難しいです。
3. 大学生活は大変ですが、ストレスを忘れられる場所もあります。
4. 友達と一緒に音楽をしている時、どんなつらいことも全て忘れます。
5. やりたいことは全てやったので、なんの悔いも残してません。

解答欄

1

2

3

4

5

ヒント

- 専門は〜です　专业是…
- 見たところ　看起来
- 簡単だ　容易
- ストレス　压力
- 忘れられる　能忘掉
- 〜する場所がある　有…的地方
- 〜と一緒に…する　和…一起…
- やりたいこと　想做的
- なんの悔いも　任何遺憾
- 〜を残していない　没有留下…

3. 大学生活　STEP2　解答例

1　我现在在经济系学习，专业是交通经济学。
2　这门专业看起来容易，但是越学越难。
3　大学生活很紧张，但是也有能忘掉压力的地方。
4　和朋友们一起做音乐的时候，什么烦恼都忘了。
5　想做的都做了，我没有留下任何遗憾。

文をつなげて１つにしてみましょう。

　私は今経済学部で勉強していて、専攻は交通経済学です。この専門分野は簡単そうに見えますが、学べば学ぶほど難しく、学べば学ぶほど面白く、生活にとても密接に関係する学問です。

　大学生活は毎日大変ですが、ストレスを忘れられる場所もあり、それはほかでもなく私が所属している軽音楽サークルで、私たちはバンドを組んでいて、私はバンドの中でボーカルで、またキーボードも担当しています。友達と一緒に音楽をしている時、どんなつらいことも全て忘れます。私の大学生活は、やりたいことは全てやったので、なんの悔いも残していません。

解答欄

ヒント

面白い　　有意思
〜と密接に関係する…　　和…密切相关的…
学問　　学问
それはほかでもなく　　就是
私が所属している〜　　我加入的…
軽音楽　　轻音乐
サークル　　社团

バンド　　乐队
（メイン）ボーカル　　主唱
また　　另外
キーボード　　电子琴
〜を担当する　　负责

STEP3 解答例は 203 ページ

4. 中国語学習

STEP 1

まずは簡単な文を作ってみましょう。

1　中国語の勉強を始めました。

2　私は発音が難しいと思います。

3　上海で1年間留学をしました。

4　毎日とても楽しく過ごしました。

5　できるだけチャンスを見つけて中国語を使うようにしています。

解答欄

1

2

3

4

5

ヒント

始める　開始
発音　发音
〜と思う　觉得…
1年留学をした　留了一年学
楽しい　愉快
できるだけ　尽量
チャンスを見つけて　找机会
使う　用

Chapter 4 文章を作ってみよう（ドリル編）

4. 中国語学習　STEP1　解答例

1. 我开始学习汉语。
2. 我觉得发音很难。
3. 我在上海留了一年学。
4. 每天都过得很愉快。
5. 我在尽量找机会用中文。

短文をふくらませてみましょう。

1. 私は大学1年の時に中国語の勉強を始めました。

2. 始めたばかりのころは、発音が難しいと思い、ずっと自信がありませんでした。

3. 大学3年の時に上海で1年間留学をしました。

4. 毎日とても楽しく、また充実した日々を過ごしました。

5. 帰国後も、できるだけチャンスを見つけて中国語を使うようにしています。

解答欄

1

2

3

4

5

Chapter 4

文章を作ってみよう（ドリル編）

ヒント

大学1年生　　大一

始めたばかり　　剛開始

自信がない　　没有信心

帰国する　　回国

4. 中国語学習　STEP 2　解答例

1. 我大一的时候开始学习汉语。
2. 刚开始的时候，我觉得发音很难，一直没有信心。
3. 大三的时候，我在上海留了一年学。
4. 每天都过得既愉快又充实。
5. 回国以后，我也在尽量找机会用中文。

STEP 3

文をつなげて1つにしてみましょう。

　私は大学1年の時に中国語の勉強を始め、当時週2回、日本人の先生と中国人の先生が教えてくれました。第二外国語としては、学習条件はとてもよかったのですが、始めたばかりのころは、発音が難しいと思い、ずっと自信がありませんでした。

　私は、大学2年の時は南京に短期留学をし、大学3年の時に上海に1年間留学し、毎日とても楽しく、また充実した日々を過ごし、徐々に自信がつきました。帰国後も、できるだけチャンスを見つけて中国語を使い、自分の中国語レベルの維持をしています。

解答欄

ヒント

当時	当时	徐々に〜する	越来越…
週2回（の授業）	一周两节	自信がつく	有信心
日本人の先生	日本老师	自分の〜	自己的…
中国人の先生	中国老师	中国語のレベル	汉语水平
第二外国語	第二外语	維持する	保持
〜としては	作为…来说		
短期留学をする	参加短期班		

STEP3 解答例は 203 ページ

Chapter 4 文章を作ってみよう（ドリル編）

5. 旅行

STEP 1

まずは簡単な文を作ってみましょう。

1. 私は上海に行きました。
2. ツアーで行くとガイドがいるので、便利で安心です。
3. ツアーで行くスポットは全て行ってしまいました。
4. 私は本当の家庭料理を食べてみたい。
5. 私は自分が本当の上海通になれる気がします。

解答欄

1.

2.

3.

4.

5.

ヒント

- ～に行きました　去…了
- 行ってしまった（経験として）　去过了
- ツアーで　跟团
- 食べてみる　尝尝
- ガイド　导游
- 本当の　真正的
- 便利　方便
- 家庭料理　家常菜
- ～で…だ　又…又…
- 上海通　上海通
- 安心　放心
- ～になる　成为…
- ツアーで行く　旅游团去
- ～の可能性がある　有可能…
- スポット　景点
- ～気がする　觉得…

5. 旅行　STEP1　解答例

1 我去上海了。
2 跟团有导游，又方便又放心。
3 旅游团去的景点我都去过了。
4 我想尝尝真正的家常菜。
5 我觉得自己有可能成为一个真正的上海通。

短文をふくらませてみましょう。

1 私は友達と上海に行きました。

2 ツアーで行くとガイドがいるので、便利で安心で、とても楽しく遊べます。

3 ツアーで行くスポットはすでにほぼ全て行ってしまいました。

4 次もう一度上海に行く時は、本当の家庭料理を食べてみたい。

5 数年後には、自分が本当の上海通になれる気がします。

解答欄

1.

2.

3.

4.

5.

ヒント

楽しい　开心
(どんな風に) 遊んだ　玩儿得…
ほぼ　差不多
次 (回)　下次
もう一度 (未然)　再
数年後　过两年后

Chapter 4 文章を作ってみよう (ドリル編)

5. 旅行　STEP 2　解答例

1　我跟朋友一起去上海了。
2　跟团有导游，又方便又放心，玩儿得也很开心。
3　旅游团去的景点我已经差不多都去过了。
4　下次再去上海的时候，我想尝尝真正的家常菜。
5　我觉得过两年后自己有可能成为一个真正的上海通。

文をつなげて1つにしてみましょう。

　先週、私は友達と上海に旅行に行きました。これが3回目のツアーでの上海でした。ツアーにはガイドがいるので、便利で安心で、毎回とても楽しく遊べます。

　しかし、問題はツアーで行くスポットはほぼ全て行ったので、ツアーではもう自分を満足させられなくなりました。次もう一度上海に行く時は、本当の家庭料理を食べてみたいし、朝市や自由市場のような場所にも行きたいし、より多くの地元の人たちと交流して、普通の上海の人の生活を理解したいです。私はどんどん上海が好きになってきていて、私は数年後には、自分が本当の上海通になれる気がします。

解答欄

Chapter 4 文章を作ってみよう（ドリル編）

ヒント

先週　　上个星期
3回目　　第三次
毎回　　每次
〜を満足させられない　　不能満足…
朝市　　早市
自由市場　　自由市場

〜のような場所　　…那様的地方
より多く〜する　　更多地…
地元の人　　当地人
〜と交流する　　和…交流
理解する　　了解

STEP3 解答例は 204 ページ

6. 会社

STEP 1

まずは簡単な文を作ってみましょう。

1. 地下鉄を2回乗り換えます。

2. 普段、英語や中国語を使って、仕事をしています。

3. 問題が起きた時、上司がいつも助けてくれます。

4. 会社は私を海外へ仕事に派遣するでしょう。

5. 私はまじめにやります。

解答欄

1

2

3

4

5

ヒント

地下鉄を〜回乗り換える　　換…次地铁

普段　　平时

問題が起きる　　出问题

上司　　上司

いつも　　总是

助ける　　帮助

海外へ仕事に行く　　到国外工作

私を派遣して〜させる　　派我…

まじめ　　认真

6. 会社　STEP1　解答例

1　换两次地铁。
2　平时用英文或中文工作。
3　出问题时，上司总是帮助我。
4　公司会派我到国外工作。
5　我会认真做。

短文をふくらませてみましょう。

1　毎日の通勤で地下鉄を2回乗り換えます。

2　普段、英語や中国語を使って、電話やメールで海外の業務をこなしています。

3　毎回問題が起きた時、上司がいつも辛抱強く助けてくれます。

4　将来、会社はおそらく私を海外へ仕事に派遣するでしょう。

5　私はきっとまじめにやりとげます。

解答欄

1.

2.

3.

4.

5.

ヒント

通勤　　上班

メール　　邮件

〜（の手段）で　　通过…

海外の業務をこなす　　处理国外业务

辛抱強い　　耐心

将来　　将来

おそらく　　大概

きっと　　一定

6. 会社　STEP2　解答例

1. 毎天上班要換両次地鉄。
2. 平時用英文或中文，通過電話和郵件処理国外業務。
3. 毎次出問題時，上司総是耐心地幇助我。
4. 将来公司大概会派我到国外工作。
5. 我一定会認真做好。

文をつなげて1つにしてみましょう。

　私は東京で仕事をして3年になり、毎日の通勤で地下鉄を2回乗り換え、だいたい1時間半かかります。会社の所属は海外営業部で、普段、英語や中国語を使って、電話やメールで海外の業務をこなしています。毎年2、3回、海外出張をしています。初めのうちはよくミスをしましたが、毎回問題が起きた時、上司がいつも辛抱強く助けてくれ、今はもう一人で商談ができるようになりました。

　将来、会社はおそらく私を海外へ仕事に派遣するでしょうけど、それを思うと少し心配です。でも、会社が私に任せた仕事であれば、私はきっとまじめにやりとげます。

解答欄

ヒント

- ～時間かかる　　需要…个小时
- １時間半　　一个半小时
- 会社の所属　　工作部门
- 海外営業部　　海外営业部
- 出張する　　出差
- よくミスをする　　没少出错
- 一人で商談をする　　一个人谈业务
- それを思うと　　想到这些
- 少し～だ　　有点儿…
- 心配だ　　担心
- 会社が私に任せた仕事　　公司交给我的工作
- ～であれば　　只要…

STEP3 解答例は 204 ページ

Chapter 4　文章を作ってみよう（ドリル編）

7. 友達

STEP 1

まずは簡単な文を作ってみましょう。

1. 私は友達と会います。

2. 就職した後、会うチャンスがありませんでした。

3. 彼も時間があったので、会う約束をしました。

4. まず通天閣に行って、それからいくつかの大阪の屋台の食べ物を食べました。

5. 上海での日々をとても懐かしく思いました。

解答欄

1

2

3

4

5

ヒント

〜と会う　　跟…见面
〜するチャンスがない　　没有机会…
時間がある　　有空
約束する　　约好
まず〜それから…　　先…然后…
いくつかの　　几种
屋台の食べ物　　小吃
〜が懐かしい　　怀念…
上海での日々　　在上海的日子

Chapter 4 文章を作ってみよう（ドリル編）

7. 友達　STEP1　解答例

1. 我跟一个朋友见面。
2. 工作以后，没有机会见面。
3. 他也有空，约好了见面。
4. 先去了通天阁，然后吃了几种大阪的小吃。
5. 觉得非常怀念在上海的日子。

短文をふくらませてみましょう。

1. 私は大阪の友達と会いました。

2. 帰国後はそれぞれ大学を卒業して、就職した後ずっと会うチャンスがありませんでした。

3. ちょうど彼も時間があったので、週末に会う約束をしました。

4. 私たちはまず通天閣に行って、それからいくつかの大阪の屋台の食べ物を食べ、さらに何着か服を買いました。

5. 留学の時の話になって、上海での日々をとても懐かしく思いました。

解答欄

1. _____

2. _____

3. _____

4. _____

5. _____

ヒント

それぞれ大学を卒業する　　各自大学毕业
ちょうど　　正好
週末　　周末
さらに　　还
何着かの服　　几件衣服
〜の話になる　　聊到…

7. 友達　STEP 2　解答例

1. 我跟大阪的一个朋友见面了。
2. 回国后各自大学毕业，工作以后也一直没有机会见面。
3. 正好他也有空，就约好了周末见面。
4. 我们先去了通天阁，然后吃了几种大阪的小吃，还买了几件衣服。
5. 聊到留学的时候，觉得非常怀念在上海的日子。

文をつなげて１つにしてみましょう。

　大阪の友達に会い、楽しい週末を過ごしました。私と彼とは上海留学中に知り合い、帰国後はそれぞれ大学を卒業して、就職活動に明け暮れ、就職した後ずっと会うチャンスがありませんでした。先週は大阪で仕事があって、ちょうど彼も時間があったので、週末に会う約束をしました。

　私たちはまず通天閣に行って、それからいくつかの大阪の屋台の食べ物を食べ、さらに何着か服を買って、最後は喫茶店で長い間話をしました。留学の時の友達の話になって、上海での日々をとても懐かしく思いました。

解答欄

ヒント

過ごす　　度过
知り合う　　认识
〜に明け暮れる　　忙着…
先週　　上周
仕事がある　　有业务
最後は　　最后
喫茶店　　咖啡馆
長い間　　很长时间
話をする　　聊

STEP3　解答例は 205 ページ

Chapter 4 文章を作ってみよう（ドリル編）

8. 休み

STEP 1

まずは簡単な文を作ってみましょう。

1　私は出掛けるのが好きではありません。

2　土曜の朝は寝坊します。

3　日曜は天気が良ければ、近くの喫茶店に行きます。

4　どこにも行きたくない。

5　今の（方法）が一番です。

解答欄

1

2

3

4

5

ヒント

- 出掛ける　　出门
- 土曜の朝　　周六早上
- 寝坊する　　睡懒觉
- 日曜　　周日
- 天気が良い　　天气好
- 近くの　　附近
- 〜したくない　　不想…
- 今の〜　　现在的…
- （ほかでもなく）〜が一番（いい）　　就是最好

Chapter 4　文章を作ってみよう（ドリル編）

8. 休み STEP1 解答例

1. 我不喜欢出门。
2. 周六早上会睡懒觉。
3. 周日天气好的话，我去附近的咖啡馆。
4. 哪儿都不想去。
5. 现在的就是最好的。

短文をふくらませてみましょう。

1. 私は出掛けるのがあまり好きではありません。
2. 土曜の朝は寝坊をするので、朝食は遅く食べます。
3. 日曜は天気が良ければ、近くの喫茶店に行って、そこの常連のお客さんたちとおしゃべりします。
4. 夕方になると、どこにも行きたくなくなります。
5. 私にとっては今の（方法）が一番です。

解答欄

1

2

3

4

5

ヒント

常連　　老顾客
おしゃべりをする　　聊天儿
夕方　　旁晚
〜したくなくなる　　不想…了
〜にとっては　　対…来说

8. 休み　STEP 2　解答例

1. 我不太喜欢出门。
2. 周六早上会睡懒觉，早饭吃得很晚。
3. 周日天气好的话，我去附近的咖啡馆，跟那里的老顾客们聊天儿。
4. 到了傍晚，哪儿都不想去了。
5. 对我来说现在的就是最好的。

文をつなげて1つにしてみましょう。

　私は出掛けるのがあまり好きではないので、週末は普通、家で過ごすことがわりと多いです。土曜の朝は寝坊をするので、朝食はわりと遅く食べます。午前は掃除や洗濯をして、午後は友達にメールしたり、夜は自分の好きな料理を作ったりなどします。

　日曜は天気が良ければ、近所の喫茶店に行って、そこの常連のお客さんたちとおしゃべりする時もあります。夕方になると、月曜から仕事が始まると思うと、どこにも行きたくなくなり、週末はこのように過ぎていきます。私はきっともっといい週末や休みの過ごし方があることが分かっていますが、私にとっては今の（方法）が一番です。

解答欄

ヒント

普通　一般
家で過ごす（時間）　在家的时间
掃除をする　打扫
洗濯をする　洗衣服
友達にメールを出す　给朋友发邮件
自分の好きな料理　自己喜欢的菜
料理を作る　做菜
〜など　什么的

〜する時もある　有时候
月曜から仕事が始まる　周一要开始工作
このように　就这样
過ぎていく　过去了
もっといい方法　更好的方式

STEP3 解答例は205ページ

9. 日本自慢

STEP 1

まずは簡単な文を作ってみましょう。

1. 日本人は花見の後、ごみを置いていく人はいません。
2. 日本の道はとても清潔です。
3. ごみをごみ箱に捨てます。
4. 学生たちは自分で手分けして掃除をします。
5. みなさん、ごみを残さないように。

解答欄

1

2

3

4

5

ヒント

花見をする　　賞櫻
〜の後　　…之后
ごみ　　垃圾
〜を置いていく　　留下…
〜する人はいない　　没有人…
道　　街上
清潔だ　　干净

ごみ箱　　垃圾箱
〜に捨てる　　扔在…
手分けする　　分工
掃除をする　　打扫卫生
みなさん　　大家
〜しないように　　不要…

Chapter 4 文章を作ってみよう（ドリル編）

9. 日本自慢　STEP1　解答例

1. 日本人赏樱之后没有人留下垃圾。
2. 日本街上很干净。
3. 把垃圾扔进垃圾箱。
4. 学生们会自己分工打扫卫生。
5. 大家不要留下垃圾。

STEP 2

短文をふくらませてみましょう。

1. ある外国人観光客が日本人が花見の後、ごみを置いていく人がいないことに感心していました。

2. 多くの日本にやって来た人は、日本の道はとても清潔だと言います。

3. 自分のごみを持ち帰るか、ごみ箱に捨てます。

4. 学生たちは自分で手分けして教室や階段の掃除をします。

5. 教員は「みなさん、ごみを残さないように」と注意します。

解答欄

1

2

3

4

5

ヒント

外国人旅行客　　外国游客

感心する　　感叹

家に持ち帰る　　带回家

〜に入れる　　扔进…

〜を掃除をする　　打扫…的卫生

注意する　　提醒

Chapter 4 文章を作ってみよう（ドリル編）

9. 日本自慢　STEP 2　解答例

1　一位外国游客感叹日本人赏樱之后没有人留下垃圾。
2　很多来日本的人说日本街上很干净。
3　把自己的垃圾带回家，或扔进垃圾箱。
4　学生们会自己分工打扫教室、楼梯的卫生。
5　老师会提醒大家不要留下垃圾。

STEP 3

文をつなげて1つにしてみましょう。

　数日前、あるニュースを見たのですが、内容は、ある外国人観光客が日本人が花見の後、ごみを置いていく人がいないことに感心しているというものでした。多くの日本にやって来た人も皆、日本の道はとても清潔だと言います。日本では確かに路上にごみを捨てる人はめったにいませんし、自分のごみを持ち帰るか、ごみ箱に捨てます。これらの習慣は幼いころからすでにあります。

　例えば、学校では放課後、学生たちは手分けして教室や階段を掃除します。《；で並列に》また遠足に行くと、教員は「みなさん、ごみを残さないように」と注意します。

解答欄

ヒント

数日前　　前几天

あるニュース　　一则新闻

内容　　内容

確かに　　的确

路上にごみを捨てる　　往路上扔垃圾

～する人はめったにいない　　没有人…

これらの習慣　　这些习惯

幼いころから　　从小

例えば　　比如说

放課後　　放学后

遠足に行く　　去郊游野餐

STEP3 解答例は 206 ページ

10. 夢

STEP 1

まずは簡単な文を作ってみましょう。

1. 日本人であろうと外国人であろうと、私は一声掛けて尋ねます。

2. 人が行ったり来たりしているのを見れば、「どこに行きたいのですか？」と尋ねます。《引用文は：" … " の形で》

3. どうしましたか？　何か私が手伝えることはありますか？

4. 実際は誰にでもやり遂げることができます。

5. 私は自分の仕事でも人を助けられたらと思います。

解答欄

1.

2.

3.

4.

5.

ヒント

～であろうと～であろうと…します　　不管…还是…，我都…

一声掛けて尋ねる　　问一声

行ったり来たりする　　走来走去

～を見れば　　看到

実際は　　其实

～ができる　　可以…

やり遂げる　　做到

人のために助ける　　给人帮助

～することを望む　　希望…

10. 夢　STEP1　解答例

1　不管日本人还是外国人，我都会问一声。
2　看到有人走来走去，我就问："你想去哪儿？"
3　怎么了？　有什么我能帮忙的吗？
4　其实谁都可以做到。
5　我希望自己的工作也能给人帮助。

短文をふくらませてみましょう。

1　人が困っているのを見ると、日本人であろうと外国人であろうと、私は一声掛けて尋ねます。

2　駅で目の不自由な人が行ったり来たりしているを見れば、「どこに行きたいのですか？」と尋ねます。《引用文は："…"の形で》

3　中国人に会えば、「どうしましたか？　何か私に手伝えることはありますか？」と聞きます。《引用文は："…"の形で》

4　彼らに声を掛けるというこの行為は、実際は誰にでもやり遂げることができます。

5　将来、たとえちょっとしたことでも、自分の仕事でも人を助けられたらと思います。

解答欄

1.

2.

3.

4.

5.

Chapter 4 文章を作ってみよう（ドリル編）

ヒント

困っている　　遇到困难
駅　　车站
目の不自由な方　　盲人
〜に出会う　　遇到…
この行為　　这个行為
たとえ〜　　哪怕…
ちょっとした　　只是一点点

10. 夢　STEP2　解答例

1. 看到别人遇到困难，不管日本人还是外国人，我都会问一声。
2. 在车站看到有盲人走来走去，我就问："你想去哪儿？"
3. 遇到中国人，我就问："怎么了？ 有什么我能帮忙的吗？"
4. 问他们一声这个行为，其实谁都可以做到。
5. 我希望将来自己的工作也能给人帮助，哪怕只是一点点。

文をつなげて１つにしてみましょう。

　私はおせっかいが好きな人間で、人が困っているのを見ると、日本人であろうと外国人であろうと、私は一声掛けて尋ねます。例えば、駅で目の不自由な人が行ったり来たりしているのを見れば、「どこに行きたいですか？」と尋ねます。日本語の分からない中国人に出くわしたら、「どうしましたか？　何か私が手伝えることはありますか？」と聞きます。

　彼らに声を掛けて尋ねるというこの行為は、実際は誰にでもやり遂げることができます。問題が解決した後は、彼らもうれしいし、私もうれしいです。将来、たとえちょっとしたことでも、自分の仕事でも人を助けられたらと思います。

解答欄

Chapter 4 文章を作ってみよう（ドリル編）

ヒント

おせっかい　　管闲事
〜するのが好き　　爱…
例えば　　比如
日本語の分からない　　不懂日语
問題が解決した後　　解决问题后
うれしい　　高兴

STEP3 解答例は 206 ページ

STEP 3 解答例

1. 自己紹介

　大家好！　我叫佐佐木萌，在金泽出生，在东京长大。十岁的时候我家搬到东京，到现在已经十五年了。刚到东京的时候，有很多地方不习惯，但是不到半年就习惯了。加上，我的性格比较开朗，所以马上就交了很多朋友。那时候的朋友现在在日本各地，但是我们一直都保持联系。

　我现在在一个软件公司工作，今年开始当主任了。每天都很忙，但是过得既开心又充实。我有一个男朋友，我们打算明年结婚，结婚以后我也想继续工作。

2. 家族

　我家有四口人，爸爸、妈妈、弟弟和我。还有两只猫。我们家里人的关系非常好，互相之间什么都说。而且，我们每次一说起来就真的没完没了。我爸爸在出版社工作。

我妈妈以前工作，但是怀孕以后就辞掉了，当了家庭主妇。我弟弟现在大学四年级，在找工作。

我们家可以说是一个喜欢音乐的家庭，我从三岁开始弹钢琴，弟弟会吹长笛。爸爸妈妈不会乐器，不过一直喜欢古典音乐。大家都有时间的时候，我们一起去听音乐会。

3. 大学生活

我现在在经济系学习，专业是交通经济学。这门专业看起来容易，但是越学越难、越学越有意思，是一个和生活密切相关的学问。

大学生活每天都很紧张，但是也有能忘掉压力的地方，就是我加入的轻音乐社团，我们有一个乐队，我在乐队里是主唱，另外还负责电子琴。和朋友们一起做音乐的时候，什么烦恼都忘了。我的大学生活想做的都做了，没有留下任何遗憾。

4. 中国語学習

我大一的时候开始学习汉语，当时一周两节，日本老师和中国老师教我们。作为第二外语来说，学习条件很好，

但是刚开始的时候，我觉得发音很难，一直没有信心。

大二的时候，我去南京参加了短期班，大三的时候，我在上海留了一年学，每天都过得既愉快又充实，越来越有信心了。回国以后，我也尽量找机会用中文，保持自己的汉语水平。

5. 旅行

上个星期，我跟朋友一起去上海了。这是我第三次跟团去上海。跟团有导游，又方便又放心，每次玩儿得都很开心。

但是问题是旅游团去的景点我已经差不多都去过了，跟团去已经不能满足我了。下次再去上海的时候，我想尝尝真正的家常菜，还想去早市和自由市场那样的地方，更多地和当地人交流，了解普通上海人的生活。我越来越喜欢上海了，我觉得过两年后自己有可能成为一个真正的上海通。

6. 会社

我在东京工作已经三年了，每天上班要换两次地铁，

大概需要一个半小时。工作部门是海外营业部，平时用英文或中文，通过电话和邮件处理国外的业务。每年去国外出两三次差。开始的时候没少出错，但是每次出问题时，上司总是耐心地帮助我，现在我已经能一个人谈业务了。

将来公司大概会派我到国外工作，想到这些我有点儿担心。但只要是公司交给我的工作，我一定会认真做好。

7. 友達

我跟大阪的一个朋友见了面，度过了一个非常愉快的周末。我和他是在上海留学的时候认识的，回国后各自大学毕业，然后忙着找工作，工作以后也一直没有机会见面。上周我在大阪有业务，正好他也有空，就约好了周末见面。

我们先去了通天阁，然后吃了几种大阪的小吃，还买了几件衣服，最后在咖啡馆聊了很长时间。聊到留学时的朋友们，觉得非常怀念在上海的日子。

8. 休み

我不太喜欢出门，所以周末一般在家的时间比较多。

周六早上会睡个懒觉，早饭吃得比较晚。上午打扫打扫、洗洗衣服，下午给朋友发发邮件，晚上做个自己喜欢的菜什么的。

周日天气好的话，我有时候会去附近的咖啡馆，跟那里的老顾客们聊聊天儿。到了傍晚，想到周一要开始工作，就哪儿都不想去了，周末就这样过去了。我知道一定有更好的方式度过周末或假期，但对我来说现在的就是最好的。

9. 日本自慢

前几天看到一则新闻，内容是一位外国游客感叹日本人赏樱之后没有人留下垃圾。很多来日本的人也都说日本街上很干净。在日本的确很少有人往街上扔垃圾，把自己的垃圾带回家，或扔进垃圾箱，这些习惯从小就有了。

比如说学校放学后，学生们会分工打扫教室、楼梯的卫生；去郊游野餐后，老师会提醒大家不要留下垃圾。

10. 夢

我是个爱管闲事的人，看到别人遇到困难，不管日本

人还是外国人，我都会问一声。比如在车站看到有盲人走来走去，我就问："你想去哪儿？"。遇到不懂日语的中国人，我就问："怎么了？有什么我能帮忙的吗？"。

　　问他们一声这个行为，其实谁都可以做到。问题解决后他们很高兴，我也就很高兴。我希望将来自己的工作也能给人帮助，哪怕只是一点点。

■著者プロフィール
中西千香（なかにし・ちか）
愛知県立大学外国語学部中国学科准教授。
愛知大学大学院中国研究科博士後期課程修了。2002～03年北京語言大学留学。
専門は中国語学、中国語教育。
著書に、『気持ちが伝わる！中国語リアルフレーズBOOK』（研究社）、『Eメールの中国語』（白水社）、『現代中国語における前置詞の機能分化と動詞とのかかわり』（好文出版）がある。

■中国語校閲
李昱（Li Yu）（関西学院大学言語教育センター常勤講師）

どんどん話せる中国語　作文トレーニング

2016年11月1日　第1刷発行

著　者　中西千香
発行者　前田俊秀
発行所　株式会社 三修社
　　　　〒150-0001　東京都渋谷区神宮前2-2-22
　　　　TEL03-3405-4511　FAX03-3405-4522
　　　　http://www.sanshusha.co.jp
　　　　振替 00190-9-72758
　　　　編集担当　安田美佳子
印刷所　株式会社平文社

©Chika Nakanishi 2016 Printed in Japan
ISBN978-4-384-05795-9 C1087

R〈日本複製権センター委託出版物〉
本書を無断で複写複製（コピー）することは、著作権法上の例外を除き、禁じられています。本書をコピーされる場合は、事前に日本複製権センター（JRRC）の許諾を受けてください。
JRRC：http://www.jrrc.or.jp
eメール：jrrc_info@jrrc.or.jp
電話：03-3401-2382

デザイン：櫻井ミチ／組版：エヌ・オフィス